# 퍼펙트 수영교본

일러스트 | 이주희 @nosoundbutart_

# LOVELY SWIMMER 이현진의
# 퍼펙트 수영교본

1판 1쇄 | 2020년 8월 31일
1판 4쇄 | 2024년 7월 29일
지 은 이 | 이현진
발 행 인 | 김인태
발 행 처 | 삼호미디어
등 록 | 1993년 10월 12일 제21–494호
주 소 | 서울특별시 서초구 강남대로 545–21 거림빌딩 4층
www.samhomedia.com
전 화 | (02)544–9456(영업부) (02)544–9457(편집기획부)
팩 스 | (02)512–3593

ISBN 978–89–7849–624–7 (13690)

LOVELY SWIMMER 이현진의

# 퍼펙트 수영교본

이현진 지음

samho MEDIA

# 머리글

올해로 12년 차 수영 지도를 하고 있는 이현진입니다.
약 6년간 유튜브에서 수영강습 영상을 만들어 많은 분들과 공유했고, 제가 알고 있는 지식과
노하우를 언젠가 책으로 만들어야겠다고 다짐했기에 이렇게 인사드릴 수 있게 되었습니다.

어떤 일이든 준비를 해야 도약할 수 있습니다. 수영을 배우는 목적은 개개인 모두 다르지만,
각자가 정한 목표로 가기 위해 필요한 기초 수영을 이 책으로 재밌게 배울 수 있을 겁니다.

본 책에서 제가 중점으로 둔 부분은 이미지 트레이닝입니다.
강습 때 좀 더 보고 싶었지만, 아쉽게도 못 봤던 자세와 동작들을 사진과 이미지로 보여주면서
설명을 했습니다. 수영을 배우고 싶거나 좀 더 잘하고 싶은 분들께 도움이 되는
수영 교본이 되면 좋겠습니다. 수영장에 가기 전 눈으로 보고, 머리로 충분히
이미지 트레이닝을 한다면 어쩌면 독학으로 수영이 가능할지도 모릅니다.

수영은 또 다른 세상을 연결해주는 통로라고 생각합니다.
많은 사람들이 단순한 재미나 취미를 넘어 생존 수영까지 익혀서
물에 있는 시간이 두렵지 않기를 바라고, 즐겁게 수영을 할 수 있기를 바랍니다.

2020년 8월
이현진

# PART 01

# 수영의 기본

# 수영용품

수영 가방에 1순위로 들어가야 할 것은 수영복, 수영 모자, 물안경이다.
그 외에 필요한 물건들은 세면도구, 타올, 물통 정도로 분류할 수 있다. 각각의 제품은 성분이나 브랜드에 따라 장단점이 있는데,
자신의 기호에 맞는 제품을 고르도록 하자. 여기에서는 일반적인 특징만 간단하게 소개하겠다.

## 1 수영복

수영복은 수영할 때 입는 필수 복장으로 폴리에스테르와 스판덱스가 적절히 섞여있다. 이 중에 폴리에스테르의 함유가 높을수록
수영복이 단단하고 잘 삭지 않아 오래 입을 수 있고 훈련용으로도 적당하다. 엘라스틴 혹은 스판덱스의 함유가 20%정도 되는 제
품은 편하게 입을 수 있지만, 내구성이 약해서 100% 폴리에스테르 제품보다는 사용 기간이 짧다.

 **TIP** 수영복 구매 시 참고사항

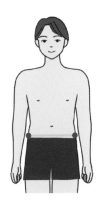

수영복은 입어보고 구매할 수 있는 곳이 적어서 대부분 온라인으로 구매하는
데, 사이즈를 확인할 때는 여성의 경우 한쪽 어깨에서부터 반대쪽 허벅지까
지의 몸 길이를 잰다. 브랜드별 사이즈가 상이하기 때문에 여성은 상체 길이
를 기반으로, 남성은 허리 사이즈를 기반으로 고르는 것이 좋다. 수영복은 지
나치게 크거나 작지만 않다면 크게 문제되지 않기 때문에 개인의 기호에 맞게
조금 넉넉하거나 딱 맞는 것을 구입한다. 또한 수영복은 밖에서 보았을 때 화
려한 것이 물속에 들어갔을 때 예쁘다. '초보인데 이런 거 입어도 될까?'와 같
은 고민하지 말고 자신이 보기에 예쁘고 화려한 수영복을 선택하자.

### 2 수영 모자

수영 모자는 머리카락의 표면 저항을 줄이고 위생적인 수영
장 환경을 위해 반드시 착용해야 한다. 수영 모자는 크게 실
리콘 수모와 메쉬 수모로 나눌 수 있는데, 실리콘 수모는 운
동할 때 열 배출이 잘 되지 않지만 수영장 물로부터 머리카
락의 손상을 줄여준다. 메쉬 수모는 물의 순환이 잘되기 때
문에 수영장 물로부터 머리카락을 보호할 수 없지만, 격렬한
운동을 할 때 열 배출이 잘 되어서 몸의 회복을 돕는다.

### 3 물안경

물안경은 크게 쿠션이 있는 패킹 수경과 쿠션이 없는 논 패킹
수경으로 나뉘는데, 직접 착용해보고 자신의 기호에 맞는 것
을 고르자. 초보자는 패킹 수경이 외부에서 오는 충격을 완화
해주어서 좀 더 편할 것이다.

### 4 킥판

킥판은 가장 많이 사용하는 부력도구이다. 주로 킥 연습을
할 때 사용하지만, 웨이브나 호흡 등 다른 연습을 할 때 부력
의 도움을 받기 위해서도 사용된다.

### 5 풀부이

풀부이는 다리를 움직이지 않고 스트로크 연습을 할 때 사용
하는데, 특히 풀 연습을 할 때 많이 사용한다. 킥을 하지 않으
면 스트림라인이 유지되지 않아서 하체가 가라앉게 되는데,
이때 풀부이를 다리 사이에 장착하면 수면 위로 다리가 떠오
르기 때문에 저항을 덜 받고 스트로크에 집중할 수가 있다.
일반적으로는 허벅지 안쪽에 풀부이를 착용하지만 때에 따
라 발목이나 무릎에 착용하고 연습하기도 한다.

### 6 풀판

풀판은 풀부이와 킥판을 합친 하이브리드 도구이다. 풀부이보다는 약간 크고 킥판보다는 작게 되어 있어 2가지 역할을 동시에 한다.

### 7 패들

손에 착용하는 도구로 손바닥으로 물을 밀어내는 것보다 더 많은 물을 밀어낼 수 있어 스피드와 근력 훈련을 할 때 사용한다. 기초 근력이 부족한 경우에 사용하면 부상을 입을 수 있으므로 어느 정도 근력이 잡혀있을 때 사용하는 것이 좋다.

### 8 오리발

발에 착용하는 도구로 발바닥보다 넓은 면적으로 물을 눌러내기 때문에 다리 근력, 발목의 유연성, 앞으로 나아가는 스피드 감을 익힐 때 사용한다.

### 9 헬퍼

자유형, 배영, 평영 킥을 배울 때 자주 쓰는 도구로 부력에 도움을 준다. 배영을 할 때는 헬퍼를 배에 착용하고 자유형, 평영은 등에 착용하고 연습한다.

### 10 스노클

스노클을 착용하면 머리를 움직이지 않고 호흡할 수 있기 때문에 자세를 고정하고 연습할 수 있다. 또한 평소 입으로 하는 것보다 호흡이 힘들기 때문에 심폐지구력을 향상하는데 도움이 되어 훈련할 때 많이 쓰인다.

**부력 도구** 킥판, 풀부이, 풀판, 헬퍼, 아쿠아바
**훈련 도구** 패들, 오리발, 스노클

# 02

Basic

# 수영의 종류

수영은 경영, 수중발레, 다이빙, 오픈 워터, 수구 이렇게 5가지 종목을 통틀어서 정의한 단어이다.
각 종목에 대해서 간단하게 알아보자.

## 1 경영 SWIMMING

우리가 흔히 이야기하는 수영은 주로 경영을 말한다. 경영은 물속에서 헤엄치는 동작을 뜻하며 자유형, 배영, 평영, 접영 이렇게
4가지 영법이 있다.

## 2 수중발레 ARTISTIC SWIMMING

수중에서 하는 발레로 물위에 떠서 헤엄치는 것을 기반으로 한다. 음악에 맞춰 예술적인 동작을 표현하는 스포츠이며 듀엣, 단체,
개인 종목이 있다. 남성 경기도 있지만, 여성 경기의 비율이 더 높은 스포츠이다.

## ❸ 다이빙 SYNCRONIZED DIVING

1m, 5m, 7m, 10m 등 높이가 다른 다이빙대에 서서 물속으로 뛰어드는 스포츠이다. 도움닫기, 안정성, 뛰어오르는 높이, 공간 자세, 입수 자세, 각도 등 다양한 기술이 필요하다.

## ❹ 수구 WATER POLO

수중에서 하는 핸드볼이라고 불리는 구기 종목이다. 7명의 선수로 이루어진 두 팀이 상대방 골에 공을 넣어 득점을 겨루는 스포츠이다.

## 5 오픈 워터 OPEN WATER SWIMMING

수영장이 아닌 바다, 강, 호수 등 자연 속에서 하는 수영 경기이다. 자연현상에 직접적인 영향을 받기 때문에 기술이 좋아야 하고 안전에도 각별히 신경을 써야 한다.

# 03

Basic

# 경영 영법

경영에는 자유형, 배영, 평영, 접영 이렇게 4가지 영법이 있다.
각 영법의 특징에 대해서 알아보자.

## 1 자유형

자유형은 말 그대로 자유로운 형태의 수영을 말하는데, 보통
은 배를 수면 아래로 향하게 하고 양팔과 다리를 움직여 앞
으로 나아가는 크롤영(crawl)을 자유형이라고 한다. 자유형
경기 규칙에는 '배영, 평영, 접영을 제외한 영법으로 한다'라
고 명시되어 있기에 현존하는 수영 영법 중 가장 빠른 크롤
영으로 시합이 이루어진다.

## 2 배영

배영은 영법 중 유일하게 배면으로 떠서 앞으로 나아가고 스
타트도 유일하게 물속에서 한다. 자유형과 같이 양팔과 다리
를 저어 앞으로 나아가는 영법이며 영법 중에는 등이 보이지
않아야 한다.

## 3 평영

평영은 가장 최초에 시작된 영법으로 양팔과 다리를 동시에
움직여 앞으로 나아가는 모습이 마치 개구리를 연상시킨다.
영법 중 가장 느리지만, 호흡하기가 편해 가장 쉽게 배울 수
있는 영법이기도 하다.

## 4 접영

접영은 양팔과 다리를 동시에 움직여 앞으로 나아가는 영법
이다. 팔을 리커버리할 때의 모습이 마치 나비와 같다 하여
버터플라이라고도 불린다. 에너지 소모가 크고 자유형 다음
으로 빠른 파워풀한 영법이다.

# 04
Basic

# 경영 종목

경영은 개인 종목과 단체 종목으로 나뉜다.

개인 종목에는 각 영법별로 50m, 100m, 200m가 있으며 자유형만 유일하게 장거리 수영으로 400m, 800m, 1500m까지 있다.

개인 혼영은 100m(only short course), 200m, 400m 종목이 있다. 단체 종목에는 혼계영, 계영 혼성혼계영 등이 있다.

혼성혼계영은 남녀 2명씩 가장 잘하는 영법을 맡아 경기에 임할 수 있고, 남녀 순번에 상관없이 진행된다.

## 1 개인 종목

| 종목 / M | 자유형 | 배영 | 평영 | 접영 | 개인혼영 |
|---|---|---|---|---|---|
| 50M | ○ | ○ | ○ | ○ | |
| 100M | ○ | ○ | ○ | ○ | ○ |
| 200M | ○ | ○ | ○ | ○ | ○ |
| 400M | ○ | | | | ○ |
| 800M | ○ | | | | |
| 1500M | ○ | | | | |

### 개인 혼영

| 접영 | 배영 | 평영 | 자유형 |

선수 한 명이 접영 → 배영 → 평영 → 자유형 순으로 완영하는 종목으로 100m, 200m, 400m 경기가 있다.

## ② 단체 종목

| 종목 / M | 혼계영 | 계영 | 혼성혼계영 |
|---|---|---|---|
| 200M | ○ | ○ | ○ |
| 400M | ○ | ○ | ○ |
| 800M | ○ | ○ | ○ |

### 혼계영

배영      평영      접영      자유형

선수 4명이 배영 → 평영 → 접영 → 자유형 순으로 완영하는 릴레이 종목이다. 각 선수는 순서를 정하여 하나의 영법으로만 수영을 하고, 배영은 물속에서 스타트를 하기 때문에 가장 먼저 실시한다.

### 계영

 × 4

자유형

4명의 선수가 순서를 정하여 자유형으로 완영하는 릴레이 종목이다.

# 05
Basic

# 물의 특성

수영은 동작할 때 발생하는 물의 저항을 잘 이용해야 편안하게 앞으로 나아갈 수 있다.
억지로 물에 뜨려고 하거나 저항을 이용하는 요령이 없으면 몸에 힘만 들어가고 앞으로 나아가기가 어렵다.
여기에서는 알고 있으면 수영에 도움이 되는 물의 특성을 몇 가지 알아보겠다.

## 1 밀도

물의 밀도는 1이다. 어떤 물체든 밀도가 1보다 작으면 물에 뜨고, 1보다 크면 가라앉는다. 사람의 뼈와 근육의 밀도는 1보다 크고 지방의 밀도는 1보다 작다. 따라서 뼈가 크고 근육질에 지방이 적은 사람은 상대적으로 물에 잘 뜨지 않는다.

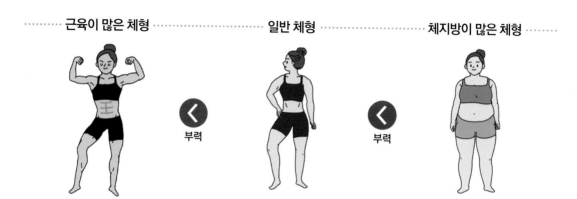

한편 바닷물에서는 민물에서보다 뜨는 것이 수월한데, 이는 염분이 녹아있어서 동일한 양의 민물보다 밀도가 더 크기 때문이다. 또한 물은 온도가 낮을수록 밀도가 커지기 때문에 우리는 따뜻한 물보다 차가운 물에서 더 쉽게 뜰 수가 있다.

따뜻한 물

차가운 물

## 2 부력

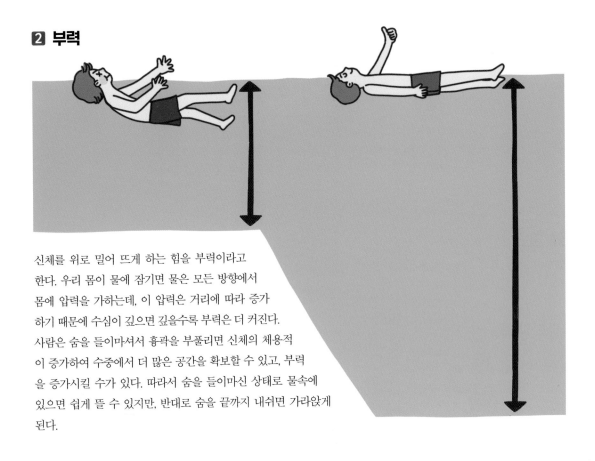

신체를 위로 밀어 뜨게 하는 힘을 부력이라고
한다. 우리 몸이 물에 잠기면 물은 모든 방향에서
몸에 압력을 가하는데, 이 압력은 거리에 따라 증가
하기 때문에 수심이 깊으면 깊을수록 부력은 더 커진다.
사람은 숨을 들이마셔서 흉곽을 부풀리면 신체의 체용적
이 증가하여 수중에서 더 많은 공간을 확보할 수 있고, 부력
을 증가시킬 수가 있다. 따라서 숨을 들이마신 상태로 물속에
있으면 쉽게 뜰 수 있지만, 반대로 숨을 끝까지 내쉬면 가라앉게
된다.

## 3 부력중심

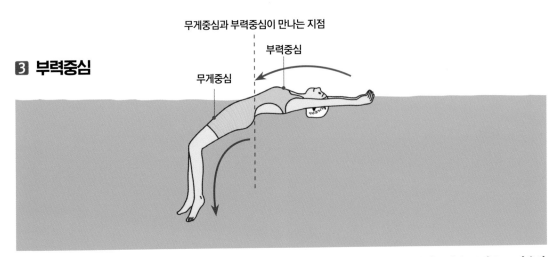

수중에 있는 모든 물체는 부력의 영향을 받는다. 우리가 물에 들어가면 신체를 띄우는 부력중심은 물밖으로 작용하
고 신체를 가라앉게 하는 무게중심은 물 아래로 작용하여 서로 수직이 될 때까지 신체를 회전시킨다. 따라서 수중에
서 가만히 있으면 상체는 부력중심으로 인해 물 위로 떠오르고 하체는 무게중심으로 인해 물 아래로 가라앉게 되는
것이다.

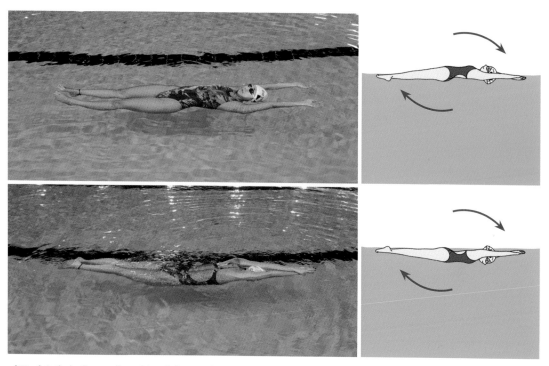

이를 이용하여 위로 뜨려고 하는 상체를 수면 아래로 눌러주면, 아래로 회전하려고 하는 하체가 수면 위로 뜨면서 스트림라인 형태를 만들게 된다. 이 스트림라인 형태는 수영할 때 중요한 개념이므로 수영의 기초(p.26) 설명에서 좀 더 자세히 알아보겠다.

 **TIP** **수영대회 기준 수영장 깊이**

국내 수영대회에서는 1.8~2m 정도의 깊이를 기준으로 진행하고, 국제 수영대회에서는 3m 정도의 깊이를 기준으로 진행한다. 물의 온도는 27~28도를 유지한다.

# 4 항력

항력은 수영할 때 사람이 수행하는 동작에 반대로 작용하는 유체의 힘으로 쉽게 말해 저항이라고 한다. 항력은 물체가 진행하는 방향과 항상 반대쪽으로 작용하고 지상보다 수중에서 더 크게 작용한다. 또한 유체의 성질(액체나 기체 등), 온도, 농도, 수영하는 사람의 자세에 따라 크기가 달라지며 이는 크게 형태항력, 파동항력, 표면항력 3가지로 나뉜다.

## 형태항력

형태항력은 모양항력, 단면항력, 압력항력이라고도 불린다. 배가 물속에서 빠르게 이동하면 뒤쪽에는 난류 지역이 발생하게 되는데, 이 난류 지역에서는 유체입자가 불규칙하게 뒤섞여서 소용돌이를 일으킨다. 이처럼 사람이 물속에서 헤엄칠 때 앞면과 뒷면 간의 유체압력 차이에 의해 발생된 저항을 형태항력이라고 하는데, 이는 물속에서 앞으로 나아갈 때 앞면의 면적이 크면 증가한다. 수영할 때는 물살을 가르면서 앞으로 전진해야 하므로 형태항력을 최소화할 수 있는 스트림라인 자세가 필수적이다. 이는 사이클 선수가 공기 저항을 최소화하기 위해 몸을 낮춰서 타는 것과 같은 이치이다. 만약 스트림라인 자세를 유지하지 못하면 형태항력이 증가하여 앞으로 나아가는 속도를 느리게 할 뿐만 아니라 불필요한 에너지를 쓰게 된다.

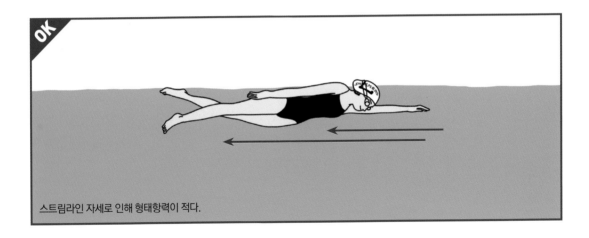

스트림라인 자세로 인해 형태항력이 적다.

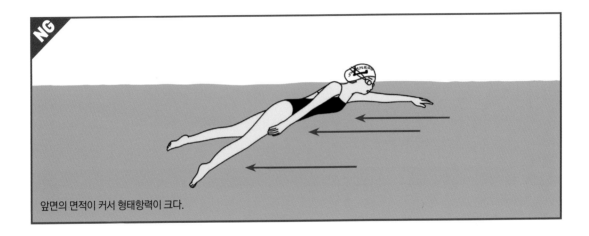

앞면의 면적이 커서 형태항력이 크다.

## 파동항력

파동항력은 수면에서 형성된 난류에 의해 생긴 저항이다. 쉽게 말해 수영 선수가 수면 가까이에서 움직이면 물결의 크기가 증가하고 파도가 발생하여 앞으로 나아가는 것을 방해하게 된다는 것이다. 영법 중에서는 특히 상하 움직임이 많은 평영과 접영이 파동항력의 영향을 크게 받는데, 파동항력을 줄일 수 있는 방법은 가능한 오랫동안 완전히 잠수하여 잠영을 하거나 자유형, 배영처럼 수면 위로 스치듯이 떠서 수영을 하는 것이다. 파동항력은 수영장의 배수로와 레인 줄의 유무에 따라 크기가 달라지는데, 만약 수영장에 레인 줄과 물이 빠지는 배수로가 없다면 파도가 계속 만들어지기 때문에 파동항력이 커지게 된다. 하지만 일반적으로 수영장에는 배수로와 레인 줄이 있어서 물결이 확산되는 파동항력을 줄여준다.

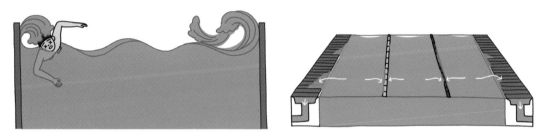

수영장에는 레인 줄과 배수로가 있어 물결의 확산을 막아주기 때문에 파동항력이 약해진다.

## 표면항력

형태항력, 파동항력과 매우 밀접한 관계가 있는 표면항력은 다른 말로 마찰항력이라고도 불린다. 표면항력은 우리가 물을 밀어 앞으로 나아갈 때 앞으로 나아가는 힘에 반대되는 힘을 말하는데, 이는 신체 표면에 의해 나타난다. 신체 표면에는 물의 점도나 속성에 의해서 경계층이 형성되는데, 이 경계층이 크면 그만큼 표면항력이 커지기 때문에 유체의 흐름이 느려진다. 따라서 수영 선수들은 표면항력을 줄이기 위해 온몸을 면도하기도 하고, 얇은 첨단 소재로 몸에 밀착되는 수영복을 착용하기도 한다.

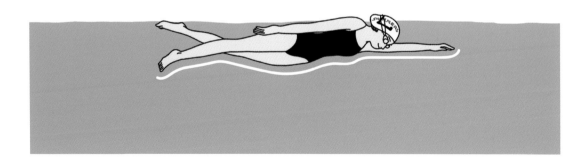

# 수영의 기초

영법을 배우려면 호흡과 물에 뜨고 멈추는 것이 기본적으로 연습되어 있어야 한다.
여기에서는 수영의 기본이 되는 호흡과 스트림라인 자세, 물에 뜨고 멈추기를 배워보겠다.

## 1 호흡하기

일상에서 호흡할 때는 입과 코로 자유롭게 호흡할 수 있다. 하지만 수영할 때는 입으로 들이마시고 코로 뱉는 호흡을 해야 한다.

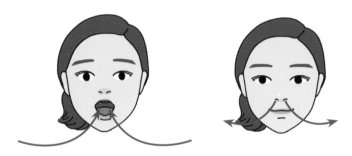

처음에는 숨을 입으로 들이마시고 코로 뱉는 것이 익숙하지 않기 때문에 영법을 배워도 동작과 호흡을 연결하는 게 쉽지 않을 것이다. 충분히 연습하지 않고 동작하면 호흡 타이밍을 놓쳐서 입이나 코로 물을 먹는 경우가 생기게 되니 입으로 마시고 코로 뱉는 호흡이 익숙해질 때까지 수중뿐만 아니라 지상에서도 자주 연습하도록 하자. 이 호흡법이 조금 익숙해졌다면 수영장에서 다음과 같은 방법으로 움직이면서 연습해보자.

**호흡 연습 1**

❶ 입으로 숨을 들이마신 뒤 물속으로 입수한다.
❷ 3초 혹은 참을 수 있는 만큼 숨을 참은 상태로 걸어간다.
❸ 3초가 지나거나 더이상 숨을 참기가 어렵다면 제자리에 멈추고 코로 숨을 뱉어내면서 수면 위로 올라온다.

**호흡 연습 2**

❶ 입으로 숨을 들이마시고 무릎을 구부려 쪼그려 앉듯이 수면 아래로 내려간다.
❷ 그다음 무릎을 펴고 점프하면서 코로 숨을 뱉어 수면 위로 올라온다.

 **TIP** 다양한 방법으로 호흡을 연습해보자

수영할 때는 입으로 마시고 코로 뱉는 호흡이 자연스럽게 되어야 한다. 처음에는 이러한 호흡법이 어색할 수 있으니 앞에서 소개한 호흡 연습을 자주 하도록 하자. 다른 방법으로 다양하게 응용해서 연습하는 것도 좋다.

## ② 스트림라인 익히기

이번에는 스트림라인 형태를 만들어 보겠다. 물에서 뜨는 게 어렵다면 풀부이나 킥판과 같은 부력 도구를 착용하고 연습하자.

### 데크를 잡고 스트림라인으로 뜨기

양팔로 데크를 잡고 전완을 벽에 붙인다. 그다음 어깨와 목이 경직되지 않게 힘을 빼고 뒤쪽 전체 근육, 특히 허리에 가까운 기립근을 이용하여 발뒤꿈치와 엉덩이를 수면에 가깝게 띄운다. 이 자세를 스트림라인이라고 하는데, 수영할 때 항상 유지해야 하는 자세이므로 반복 연습을 많이 하도록 하자. 연습을 하다보면 다리가 너무 위로 뜨거나 엉덩이가 수면 위로 올라오기도 하는데, 이 경우에는 엉덩이가 수면 바로 아래에 위치할 수 있도록 골반을 살짝 눌러주자.

### 스트림라인 자세에서 킥하기

스트림라인으로 뜨는 것이 익숙해지면 자세를 유지할 때 힘이 들어가는 기립근에 집중하면서 킥을 해보자. 너무 빠르지 않게 일정한 리듬으로 하는 것이 좋다.

### 몸에 힘을 빼고 코어에 집중하여 다리와 엉덩이를 수면 위로 띄워주자

힘을 주어 억지로 뜨려고 하면 복부가 아래쪽으로 처지면서 사진과 같이 바나나 모양의 자세가 만들어지게 된다. 이렇게 되면 허리에 많은 부담이 가서 부상을 입을 수 있으니 주의하자. 몸에 힘을 빼고 기립근에 집중하여 엉덩이와 다리를 수면 위로 띄워야 한다.

전완을 데크에서 떨어뜨리면 스트림라인을 유지하기가 조금 더 어렵다. NG사진처럼 허리가 수면 아래로 내려가는 바나나 형태가 만들어 진다면 머리를 숙이고 복부를 수면 쪽으로 당겨서 몸을 수평으로 만들어주자. 머리를 들고도 자연스럽게 자세를 유지하며 떠 있을 수 있을 때까지 반복해서 연습한다.

물에서 뜨는 게 어렵다면 발끝 혹은 허벅지에 부력 도구(풀부이, 킥판)를 착용하고 복부를 수면 쪽으로 당겨서 몸을 수평으로 만들어보자. 몸이 뜨는 감각과 자세가 익숙해지면 부력 도구를 빼고 시도해본다.

뜨기 동작이 익숙해지면 자세를 유지하면서 킥도 해보자.

# ❸ 뜨고 멈추기

스트림라인 자세가 익숙해지면 바닥이나 벽을 밀어 앞으로 나아가면서 자세를 유지해보자.

## 바닥 밀고 뜨기

두 다리를 구부리면서 몸의 중심을 앞으로 이동한다. 양팔은 머리 위로 뻗어준다.

구부렸던 다리를 펴면서 양팔도 쭉 뻗어 스트림라인 자세를 만들고 앞으로 나아간다. 이때 손끝이 수면 위로 너무 많이 올라오면 하체가 가라앉을 수 있으므로 손끝은 어깨보다 살짝 아래쪽에 위치할 수 있도록 한다.

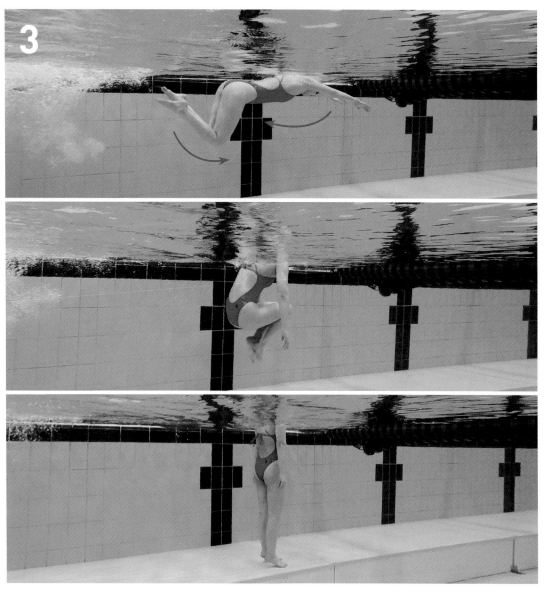

앞으로 나아가다가 멈추고 싶으면 양팔과 다리를 동시에 가슴 쪽으로 당겨서 멈춘다. 반복 연습을 통해 스트림라인으로 앞으로 나아가는 감각을 익혀보자.

## ⑷ 발목 유연성 기르기

킥할 때는 발목을 유연하게 움직여주는 것이 중요하다. 발목의 유연성이 좋아야 물을 밀어내는 양이 많아지고 킥을 입체적으로 감아낼 수 있기 때문에 틈틈이 발등을 늘려주는 스트레칭을 해주자.

발끝을 살짝 내려 3~5초 정도 유지한다. 다시 발끝을 몸쪽으로 당겨 3~5초 정도 유지한다. 수영하기 전에는 물론이고 평소에도 틈틈이 스트레칭을 해주자.

 **TIP** 각 영법별 킥할 때의 발 모양

**❶ 자유형, 배영, 접영할 때의 발모양**

자유형과 배영, 접영을 할 때는 발목을 펴고 킥을 한다.

**❷ 평영할 때의 발모양**

평영할 때는 발목을 구부리고 킥을 한다.

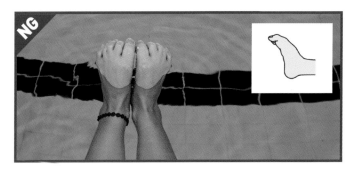

**❸ 잘못된 발모양**

가끔 사람들이 잘못하는 발모양이다. 사진과 같이 발가락만 오므린 발모양은 수영할 때 하지 않는다. 이러한 자세는 근수축을 유발할 수 있으니 주의하자.

평영 킥은 다른 영법과는 달리 발목을 구부리고 펴는 동작이 같이 이루어지기 때문에 발목의 사용을 어려워하는 사람들이 많다. 발목의 사용을 헷갈리지 않도록 각 영법의 킥 동작을 잘 보고 연습하자.

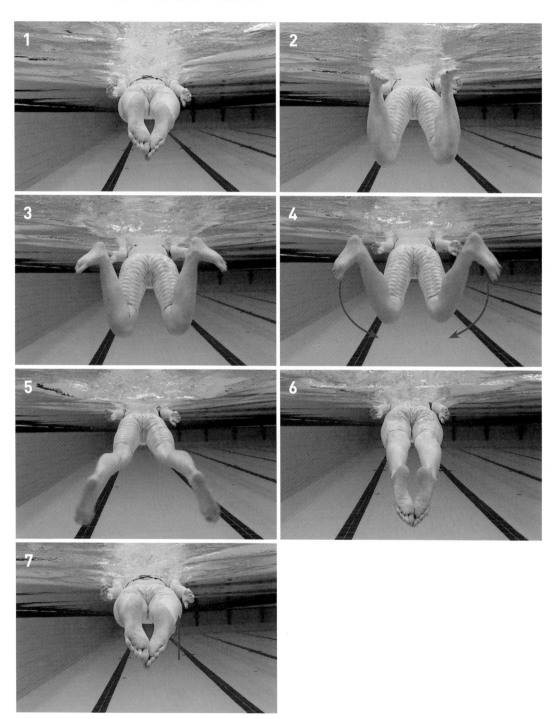

# 수영장 에티켓

 **DON'T RUN**

 **SHOWER BEFORE ENTERING POOL**

 **NO DIVING**

 **USE RESTROOMS**

 **NO PUSHING**

 **WATCH YOUR CHILDREN**

 **NO BOMBING**

 **NO FOOD OR DRINKS**

 **DON'T SHOUT**

 **NO ROUGH PLAY**

# PART 02

# FREESTYLE

## · 자유형 ·

우리가 알고 있는 자유형은 본래 크롤영이라고 한다. 크롤영, 배영, 평영, 접영과 같이 ~영은 구체적인 영법의 형태를 뜻하므로 자유형은 어떠한 영법이라기보다는 자유로운 형태의 수영 영법을 말한다. '자유형은 경영 경기 시 배영, 평영, 접영을 제외한 영법으로 한다.'라는 규칙에 의해 4가지 영법 중 가장 빠른 크롤영으로 경기에 임하게 되었고, 그로 인해 통상적으로 크롤영이 자유형으로 불리게 되었다. 자유형은 스트로크 한 번에 킥을 여러 번 할 수 있는데 상급자는 킥의 박자를 2, 4, 6, 8, 10 등으로 다양하게 응용할 수 있지만, 초보자의 경우 무리하게 박자를 생각하고 연습하면 오히려 스트림라인이 흐트러져서 추진이 약해지게 된다. 따라서 자유형을 처음 배울 때는 스트림라인을 유지할 수 있도록 출발해서 멈출 때까지 킥을 꾸준히 하는 것이 중요하다. 자유형은 보통 4가지 영법 중 가장 먼저 배우는 영법이지만, 영법 중 유일하게 측면 호흡을 하기 때문에 호흡을 어려워하는 사람들이 많다. 수영 영법을 배우는 첫 단계인 만큼 잘 배워두면 앞으로 배울 다른 영법들을 쉽게 받아들일 수 있으니 잘 익혀보자.

# 01
### Freestyle

# 자유형 킥

자유형은 두 다리를 교차로 움직여 업 킥과 다운 킥을 반복한다.
이는 자세를 유지하고 추진력을 만들어내며 스트로크와 호흡 리듬을 맞추는 데도 중요한 역할을 한다.
킥은 막대기처럼 뻣뻣하게 동작하기보다 채찍처럼 탄력있게 동작하는 것이 좋다. 상대적으로 근육량이 많은 다리를
교차하여 움직이면 산소와 에너지를 많이 소비하기 때문에 무작정 움직이기보다는 효율적인 킥 동작을 익히는 데 집중하자.

 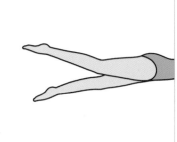

업 킥을 할 때는 무릎과 발목을 펴고 발바닥으로 물을 위쪽으로 올려낸다.

 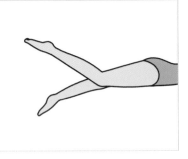

업 킥 완료 후에는 발등으로 물을 힘차게 아래쪽으로 밀어내기 위해 무릎을 살짝 구부린다.

 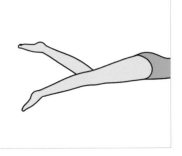

구부린 무릎을 펴면서 발등으로 물을 눌러 다운 킥을 한다. 이때 발목 스냅을 이용해 끝까지 물을 눌러내도록 하고,
채찍처럼 탄력있게 움직여야 한다. 이후에는 다시 ①번부터 동작을 반복한다.

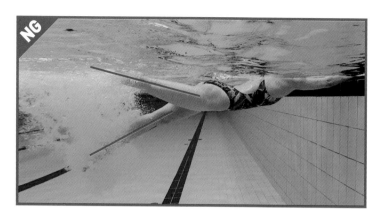

### 킥할 때 무릎을
### 너무 많이 펴지 않는다

킥할 때 무릎을 과하게 펴서 막대기처럼 움직이면, 몸이 좌우로 흔들려서 에너지 소비만 커지고 추진은 떨어지게 된다. 이 경우에는 무릎을 구부리는 킥을 생각하고 연습하면 도움이 된다.

### 킥할 때 무릎을
### 너무 많이 구부리지 않는다

초보자는 업 킥할 때 사진과 같이 무릎을 구부려 엉덩이 쪽으로 당기는 경우가 많은 데, 이렇게 되면 올라오는 업 킥을 놓칠 뿐만 아니라 나아가는 방향의 반대로도 추진이 생겨 비효율적인 움직임이 만들어진다.

### 발목을 구부리지 않는다

킥은 발목 스냅 동작이 매우 중요하다. 발목 스냅 동작을 하지 않고 사진과 같이 발목을 구부린 상태로 킥을 하면, 물을 누르는 것이 아니라 찍는 것에 가까워진다. 이렇게 되면 물을 누르는 면적이 줄어들어 추진력을 많이 잃게 되고 몸이 가라앉게 된다. 허벅지로부터 전달된 힘이 발등까지 전해져 추진을 낼 수 있도록 발목 스냅을 이용하여 킥을 하자.

# 자유형 스트로크

스트로크는 동그란 원 모양으로 동작하여 반은 물속, 반은 물밖에서 이루어진다.
물속에서 동작할 때는 물을 잡고 밀어내는 만큼 앞으로 나아갈 수 있기 때문에 빠르게 동작하는 것보다
한 번에 많은 양의 물을 밀어내는 것이 중요하다. 자유형 스트로크는 수영의 목적과 신체적 요건에 따라
스트레이트와 하이엘보 2가지 형태로 나뉘는데, 어떤 형태의 스트로크를 하든 스트로크의 주기 및 형태는 대칭을 이루는 것이 좋다.
초보자는 스트레이트 스트로크를 먼저 연습하여 영법의 형태와 동작을 연결하는데 집중하자.

### 기초 스트레이트 스트로크

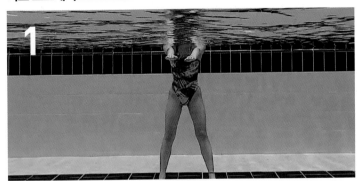

몸 중심으로 양팔을 앞으로 뻗는다.
이때 양팔은 수면 아래에 있어야 한다.

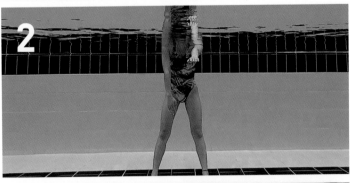

팔꿈치를 편 상태로 허벅지까지 가
볍게 밀어준다. 너무 빠르게 하면 팔
이 구부러지거나 몸의 중심 밖으로
벗어날 수 있으니 천천히 동작하자.

엄지손가락이 허벅지를 자연스럽게
스치듯 최대한 몸에서 가깝게 물을
밀어낸다. 반대쪽 팔은 앞으로 뻗은
상태를 유지하며 중심을 잡아준다.
(글라이드)

물을 끝까지 밀어낸 팔은 수면 위로 편하게 리커버리하고 팔이 원위치로 돌아오면, 이어서 반대쪽 팔로 동작을 시작한다.

## 팔꿈치의 위치가
## 손목과 같거나 낮으면 안 된다

팔꿈치가 전완이나 손바닥과 같은 위치에 있으면 물을 제대로 눌러서 잡아올 수가 없다. 팔꿈치는 손바닥보다 높이 위치하게 하자.

## 물을 밀어낼 때는 몸의 중심을
## 벗어나지 않아야 한다

물을 밀어낼 때는 팔을 몸에 가깝게 해서 밀어내야 한다. 몸 안쪽으로 풀 동작을 하면 몸이 좌우로 많이 흔들리게 되므로 스트림라인을 유지하기가 어려워진다.

## 피니시 때는
## 손이 허벅지를 스쳐야 한다

피니시할 때 손이 몸에서 너무 멀어지면, 앞에서 힘들게 잡아낸 물이 손과 허벅지 사이로 유실되기 때문에 추진력이 감소하게 된다. 엄지손가락이 허벅지를 스치게끔 연습하자.

## 물을 끝까지 밀어내야 한다

스트로크할 때 물을 끝까지 밀지 않고 사진과 같이 중간에서부터 팔을 돌리면, 밀어낼 수 있는 물의 50%정도밖에 밀어내지 못한다. 즉, 한 번의 스트로크로 나아가는 거리가 줄어들기 때문에 효율적이지 못한 스트로크를 하게 된다는 것이다. 전방에서 잡은 물을 허벅지까지 힘차게 밀어내도록 하자.

## 하이엘보 스트로크

몸 중심으로 양팔을 앞으로 뻗는다. 이때 양팔은 수면 아래에 있어야 한다.

전방에 있는 물을 후방으로 밀어내기 위해 팔꿈치를 세워 물잡기(Catch) 동작을 한다. 이때 팔꿈치가 높이 세워지기 때문에 하이엘보라 부른다. 물을 잡는 지점이 머리와 가까울수록 어깨에 부담이 갈 수 있으니 주의하자. 캐치 동작은 어깨 위치에서 이루어져야 한다.

팔꿈치를 세우고 손보다 높이 위치한 상태로 허벅지까지 쭉 밀어낸다.

 **TIP** 하이엘보 스트로크의 포인트

하이엘보 스트로크에서 ②번 사진 동작을 할 때는 겨드랑이 사이에 큰 공이 있다고 생각하면 도움이 된다. 피니시 때는 겨드랑이 사이에 있는 공을 뒤쪽으로 멀리 던진다는 느낌으로 밀어보자.

 **TIP** 스트레이트와 하이엘보 스트로크의 차이

처음에는 스트로크의 형태를 익히기 위해서 물을 밀어내는 경로가 단순한 스트레이트 스트로크로 연습을 한다. 하지만 이를 빠르고 힘 있게 하면 강한 부하가 걸리기 때문에 짧은 시간에 피로도가 많이 쌓이게 된다. 따라서 스트레이트 스트로크는 단시간에 힘쓰는 짧은 거리에서 주로 하며, 장거리에서는 권하지 않는다. 하이엘보 스트로크는 알파벳 'S'나 'C' 모양으로 진행하여 스트레이트 스트로크에 비해 물을 밀어내는 경로가 길지만 부하가 적기 때문에 단거리, 장거리에서 모두 가능하다. 물잡기는 개인의 신체조건에 따라 상이할 수 있는데, 초보자의 경우 충분한 유연성과 근력이 뒷받침되지 않은 상태로 너무 위쪽(머리 위)에서 캐치를 하면 부상의 위험이 클 수 있다. 따라서 물잡기(캐치)는 어깨 지점에서부터 시작하는 것이 좋다. 2가지 모두 대표적인 스트로크이지만, 초보자는 어떠한 스트로크 모양을 흉내내기보다는 한 번에 멀리 나아가면서 부상에 위험이 없는 스트로크 자세를 익히는 것이 중요하다.

자유형 스트로크는 앞으로 뻗은 팔로 전방에 있는 물을 눌러 잡고(캐치), 발끝까지 멀리 강하게 보내서(풀&피니시) 앞으로 나아간다. 수면 위에서는 팔이 피로하지 않게 힘을 빼고 되돌려주자(리커버리).

 TIP 정확한 동작을 익힌 다음 자신만의 영법 스타일을 만들자

필자는 자유형뿐만 아니라 모든 영법을 가르칠 때, 어느 정도 자세가 잡히기 전까지는 동작을 크게 하기를 권한다. 집을 지으려면 기본 뼈대가 우선이듯, 수영을 잘 하려면 영법의 기본 틀이 있어야 하기 때문이다. 사람마다 가지고 있는 신체조건이 다르기 때문에 어느 하나의 폼으로 수영을 하기보다는 본인의 신체조건에서 낼 수 있는 가장 좋은 수영 영법을 위해 연습하는 것이 바람직하다고 생각한다. 우리가 일반적으로 알고 있는 스트로크는 아래와 같은 하이엘보 스트로크일 것이다.

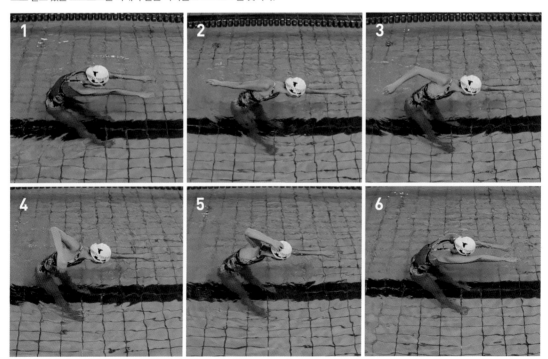

따라서 처음에 하이엘보 스트로크를 하기보다는 오른쪽 상단의 사진과 같은 스트레이트 스트로크를 먼저 연습하기를 권한다.

물론 빠른 수영을 위해서는 팔꿈치를 구부려서 동작하는 하이엘보 스트로크가 좋지만, 초보자가 이 동작을 일찍 배우면 리커버리할 때 팔을 구부리는데 집중하게 되어 물을 끝까지 밀지 않고 중간에 팔을 밖으로 빼게 된다. 스트로크는 물속에서의 동작이 더 중요하다. 리커버리는 사실상 어떻게 되돌아오든 몸의 중심이 흔들리지만 않는다면 큰 문제가 되지 않지만, 물속에서는 물을 잡고 끝까지 밀어내지 않으면 추진이 떨어지게 된다.

그림으로 나타낸 동작을 피니시라고 하는데, 앞에 있는 물을 허벅지까지 속도감 있게 밀어내면 피니시 구간으로 갈수록 손바닥과 팔에 걸리는 저항이 더 커지고, 그만큼 앞으로 나아가는 속도와 거리도 커지게 된다. 수영하는 사람들 중에는 이 부분을 생략하여 팔이 덜 힘든 것을 영법이 나아졌다고 오해하는 경우가 많은데, 좋은 저항을 만들어내야 할 스트로크가 가벼워졌다는 것은 결코 좋은 것이 아니다.

자유형에서 스트로크를 잘못 익히면 뒤에 나오는 배영, 평영, 접영에서도 안 좋은 자세를 익히게 된다. 초보자일수록 본인의 신체 조건으로 할 수 있는 큰 동작을 기반으로 하여 영법을 익힌 다음 점점 자신만의 영법으로 자세나 스타일을 발전시키는 것이 좋다.

# 03

Freestyle

# 자유형 단계별 연습

자유형은 몸의 롤링, 지속적인 킥, 좌우 대칭을 이루는 스트로크가 매우 중요하다.
영법 중에는 측면 호흡을 일찍 하거나 늦게 하여 스트로크와 몸의 밸런스를 깨트리지 않도록 주의하고, 몸이 가라앉지 않도록
킥을 지속적으로 하면서 앞으로 나아가자. 지금부터는 킥의 감각을 익히는 연습부터 시작하여 완벽한 자유형을
익히기까지의 과정을 배워보겠다. 천천히 단계별 연습을 이어나가 자유형 콤비까지 완성해보자.

## 1 킥 감각 익히기

먼저 킥을 익혀보자. 자유형과 배영은 킥을 하는 방식이 같기 때문에 지금 동작을 잘 익혀두면 나중에 배영 킥도 수월하게 할 수 있다. 킥 감각을 익히는 연습은 앉아서 킥, 서서 킥, 제자리 걷기 순으로 실시하는데, 끊임없이 다리가 교차로 움직이는 것과 마지막에 물을 밀어내는 발목 스냅 동작에 집중해서 연습하자.

### 앉아서 킥

**목적** 발등과 정강이로 물을 밀어내는 감각 익히기 | 발목 스냅 동작 익히기

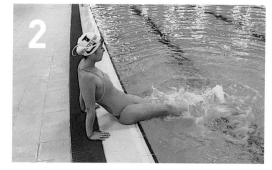

수영장 데크에 엉덩이를 걸터앉는다. 이때 최대한 엉덩이 끝으로 앉아야 허벅다리를 움직이기가 수월하다.

두 다리를 수면 아래로 곧게 뻗은 다음 수면 위에 있는 공을 위로 올려내듯 상하 교차로 움직여준다.

 **TIP** 발목 스냅을 이용하여 물을 밀어내자

무릎만 구부렸다 펴는 것이 아니라 다리 전체를 움직여야 한다. 물을 올려낼 때 발등으로 묵직한 느낌을 받아야 발목 스냅 감각을 익힐 수 있다. 만약 물이 가볍다고 느껴진다면 무릎이 구부러져 있지 않은지 확인해보자.

## 서서 킥

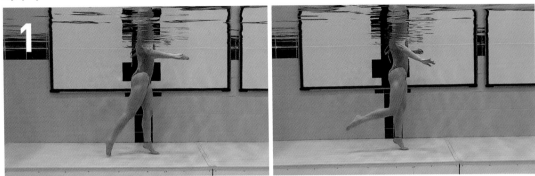

벽을 잡고 한 발로 선 다음 반대쪽 발의 뒤꿈치를 살짝 들어준다.

아래에서 위로 물을 빠르고 힘있게 올려낸다. 이때 수면 위로 올라오는 물보라가 자신이 실제 밀어내는 물의 양이라고 생각하고 올라오는 것을 눈으로 확인하면서 연습하자.

 **TIP  다리를 움직일 때는 몸을 고정시키자**

물보라를 많이 내기 위해 온몸을 흔들면서 킥을 하는 것은 좋지 않다. 코어에 힘을 주고 중심을 바로 세운 상태에서 다리를 움직여 발등으로 물을 올려내자.

 **TIP  발가락에 힘을 빼자**

발등을 펴고 발가락에 힘을 주는 사람들이 있는데, 발등을 몸쪽으로 구부리지 않고 펴는 것은 맞지만 발가락에 불필요하게 힘을 주면 근수축이 생길 수 있다. 발가락에 힘을 빼고 동작하자.

## 제자리 걷기

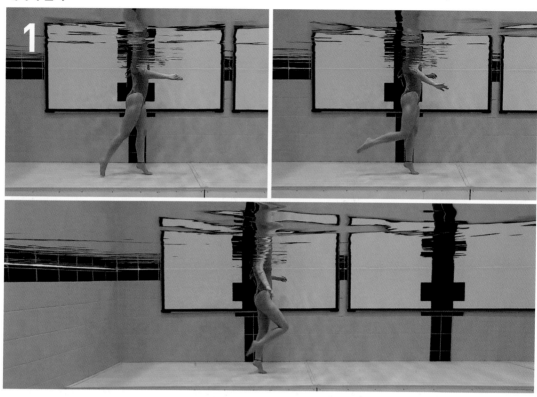

킥 동작을 할 때 느껴지는 물의 저항을 걸으면서 익혀볼 수 있는 연습이다. 물속에서 뒤꿈치를 살짝 들고 앞으로 물을 밀어내면서 걸어보자.

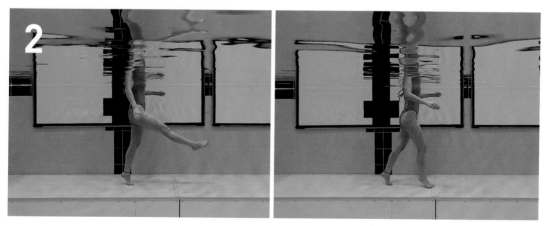

물을 앞으로 밀어낼 때는 발목을 최대한 펴고 발등과 정강이로 물이 묵직하게 밀리는 느낌을 받아야 한다. 축구공 차 듯이 물을 걷어차지 말고, 밀어내듯이 동작하자.

## ② 자유형 호흡 연습

호흡은 타이밍이 늦거나 빠르면 스트림라인이 쉽게 무너지기 때문에, 정확한 타이밍을 익히는 것이 중요하다. 측면 호흡이 이루어지는 자유형은 어깨 롤링이 자연스럽지 않으면 호흡하기가 어렵다. 또한 호흡할 때 얼굴을 일부러 수면 위로 들면 저항이 커지기 때문에 추진력이 줄어들게 된다. 목과 어깨에 긴장을 풀고 어깨 위에 귀를 올려놓는 느낌으로 고개를 돌려 호흡하는 것을 익혀보자.

**목적** 측면 호흡 동작 익히기 | 어깨 롤링과 호흡 타이밍 익히기

왼팔은 쭉 뻗어서 데크를 잡고, 오른팔은 자연스럽게 허벅지 옆에 두고 뜬다. 그다음 입으로 숨을 들이마시고 물속으로 고개를 돌린다.

코로 호흡을 '흐~~~웅'하고 길게 뱉으면서 고개를 오른쪽으로 돌린다. 이때 데크를 잡고 있는 왼팔을 축으로 어깨도 오른쪽으로 롤링해준다. 숨을 제대로 뱉고 있는지는 뱉을 때 생기는 물거품이 계속 나오는지를 보면 알 수 있다. 짧게 '훙!'이 아니라 길게 '흐~~~웅'하고 뱉자.

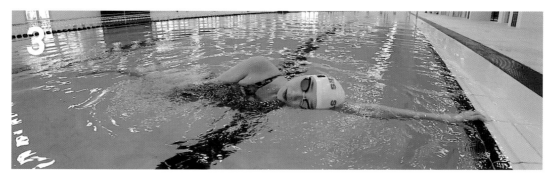

얼굴의 2/3가 수면 위로 올라오면 호흡한다. 이때 시선은 레인 줄이나 수면을 보는 것이 좋다.

왼쪽 사진처럼 어깨 롤링을 하지 않고 고개만 돌려서 호흡하면 입과 코의 반은 물에 잠겨있기 때문에 호흡하기가 매우 불편하다. 오른쪽 사진과 같이 어깨 롤링을 제대로 해서 얼굴의 2/3가 수면 위로 나오게 하자.

 **TIP** 호흡하는 시간은 생각보다 매우 짧다

호흡은 리커버리 동작과 함께 이루어지기 때문에 타이밍을 잘 맞춰야 한다. 리커버리하는 시간이 1초라면, 이 1초 사이에 호흡이 이루어져야 하는 것이다. 하지만 초보자는 빠르게 호흡하기가 어려울 수 있으니 처음에는 호흡을 충분히 뱉고 마시는 것에만 집중하자. 이후 동작이 익숙해지면 기존 스트로크 시간 안에 호흡이 이루어져야 한다는 것을 인지하고 빠르게 할 수 있도록 연습해야 한다.

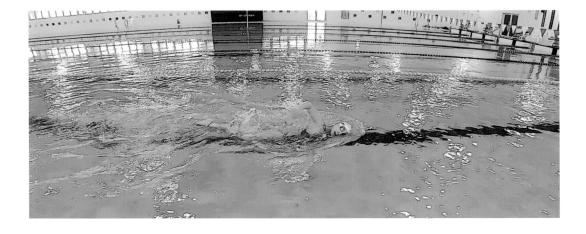

# ❸ 자유형 뜨기 연습

수영하기 전에는 물에 뜨고 멈추는 연습을 꼭 하자. 아주 간단해 보이기 때문에 많은 사람들이 이 과정을 생략하게 되는데, 이 뜨기 연습이 부족하면 진도를 나가다가 정체되는 순간이 오게 된다. 물이 익숙하지 않은 초보자 혹은 몸에 힘이 많이 들어가는 사람이라면 더더욱 뜨기 연습을 많이 해야 한다. 자유형 뜨기 연습을 할 때는 코어 부분에 힘을 주고 스트림라인을 만들어 수면 위를 매끄럽게 나아가는데 집중하자. 또한 뜨는 것만큼이나 중요한 것은 멈추기인데, 안전하게 멈추는 방법을 배워서 뜨고 멈추기를 어려움이 없이 할 수 있도록 해야 한다. 바닥에 다리가 닿을 정도의 깊이에서 안전하게 연습해보자.

**목적** 이상적인 스트림라인 자세 익히기 | 안전하게 멈추는 방법 익히기

 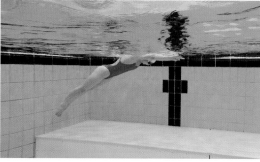

두 다리로 바닥을 밀어 수면 위에 몸을 띄운다.

양팔은 어깨너비로 벌려 앞으로 가볍게 뻗어주고, 추진력이 떨어질 때까지 몸에 힘을 빼고 앞으로 나아간다. 이때 손이 수면 위로 뜨면 하체가 가라앉을 수 있기 때문에 손은 수면 아래에 두어야 한다. 호흡에는 여유가 있는데 추진력이 떨어진다면 두 다리를 교차로 움직여서 킥을 한다.

숨이 가쁘거나 멈추고 싶다는 생각이 들면 언제든지 양팔과 무릎을 동시에 몸쪽으로 당겨준다. 이렇게 하면 엉덩이는 수영장 바닥 쪽으로 내려가고, 상체는 세워지게 된다.

발바닥으로 바닥을 딛고 제자리에 안전하게 멈춘다.

### 멈출 때 뒤꿈치를 엉덩이 쪽으로 당기지 않는다

멈출 때 뒤꿈치를 엉덩이 쪽으로 당기면 발바닥이 수면 위로 올라가기 때문에 제자리에 안전하게 멈추기가 어렵다. 양무릎을 가슴 쪽으로 당겨 엉덩이와 발바닥이 바닥을 향하도록 하자.

### 멈출 때 양팔과 다리를 동시에 움직여야 한다

멈출 때는 양팔과 다리를 동시에 몸쪽으로 당겨야 한다. 급하게 일어나려고 하면 사진과 같이 팔다리가 따로 움직여서 무게중심이 한쪽으로 치우치기 때문에 물을 먹게 될 수도 있다. 천천히 양팔과 다리를 동시에 몸쪽으로 당겨보자.

 **TIP** 좌우 밸런스를 잘 맞춰서 떠보자

수면 위로 뜨면 몸이 한쪽으로 기울어질 수 있는데, 이는 평소 좌우 밸런스가 균일하지 않아서 몸의 중심을 유지하는 힘의 크기가 다르기 때문이다. 몸이 어느 한쪽으로 돌아가려고 할 때는 그대로 있지 말고, 반대쪽으로 힘을 주어 좌우 밸런스를 맞추고 정면으로 뜨려고 노력하자.

# 4 자유형 킥 연습

킥의 감각과 호흡법을 익혔다면, 이제 이를 조합하고 지속적으로 할 수 있게 숙달시키는 과정이 필요하다. 자유형 킥 연습은 매우 다양하나 가장 보편적인 방법은 킥판을 이용하여 연습하는 방법이다. 연습할 때는 스트림라인과 좌우 킥의 리듬을 유지하도록 하자. 킥 연습은 킥판잡고 머리 숙이고 하는 연습과 킥판잡고 머리 들고 하는 연습이 있는데, 먼저 머리 숙이고 하는 연습으로 지속적인 킥과 스트림라인 감각을 익혀보자. 이후 동작이 익숙해지면 머리를 들고 동작해도 킥과 스트림라인이 무너지지 않도록 해보자.

## 킥판잡고 머리 숙이고 자유형 킥
목적 지속적인 킥 동작과 호흡 연결시키기

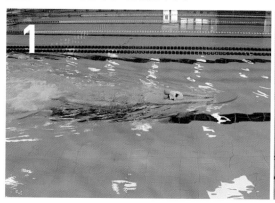 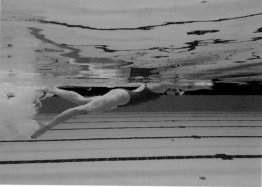

킥판을 잡고 양팔을 뻗은 다음, 머리 숙이고 킥을 하면서 앞으로 나아간다. 킥을 할 때는 다리에 너무 힘을 주지 않도록 하자.

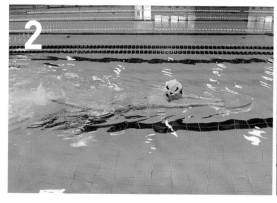 

코로 숨을 뱉으면서 고개를 들고 얼굴이 수면 위로 나오면 입으로 숨을 들이마신다. 고개를 들 때는 킥판을 누르지 않도록 주의하고, 어깨가 수면 위로 뜨지 않게 얼굴만 정면을 바라보면서 들어준다. 호흡 후에는 곧바로 고개를 다시 물속으로 넣는다.

## 킥판잡고 머리 들고 자유형 킥

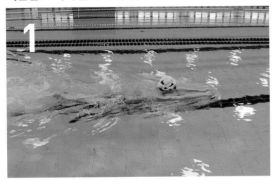

킥판을 잡고 양팔을 뻗은 다음, 정면을 보면서 킥을 반복한다. 머리를 들면 호흡은 자유롭지만, 하체가 가라앉기 때문에 스트림라인을 만들기 위해서는 몸을 띄워줄 만큼의 킥의 추진이 필요하다. 천천히 크게 차기보다는 정강이 보폭으로 많은 킥을 차서 자세를 유지할 수 있도록 하자.

 **TIP** 머리를 너무 과하게 들거나 킥판을 세게 누르지 않는다

왼쪽 사진과 같이 턱을 일부러 들면 허리가 과하게 꺾이기 때문에 자극이 갈 수가 있다. 고개를 들 땐 정면을 응시하는 정도가 좋다.

호흡하려고 머리를 들면서 킥판을 과하게 누르는 경우도 많은데, 이렇게 하면 몸을 띄워주는 킥판이 가라앉아 오히려 호흡하기가 더 어려워지고 앞으로 나아가는 추진력이 감소하게 된다. 따라서 턱과 입이 물에 살짝 들어가더라도 머리를 너무 과하게 들지 말고 시선은 자연스럽게 전방을 주시하자.

## 5 자유형 사이드 킥 연습

이번에는 자유형에서 측면 호흡을 하는 동안 자세를 유지하는 방법을 배워보겠다. 자유형 사이드 킥 연습은 몸을 롤링하는 동안 엉덩이와 어깨를 일치시켜 측면 스트림라인 자세를 만드는 데 도움을 준다. 측면 스트림라인 자세는 정면 스트림라인보다 부력의 면적이 작기 때문에 뜨기가 더 어렵다. 먼저 킥판잡고 사이드 킥으로 측면 스트림라인 자세에서 뜨는 감각을 익혀보자. 동작이 익숙해지면 고개를 물속으로 돌려 호흡하는 동작을 하면서 연습해본다.

### 킥판잡고 사이드 킥
**목적** 이상적인 측면 자세 익히기 | 다리 폭 일정하게 맞추기 | 어깨 롤링 감각 익히기

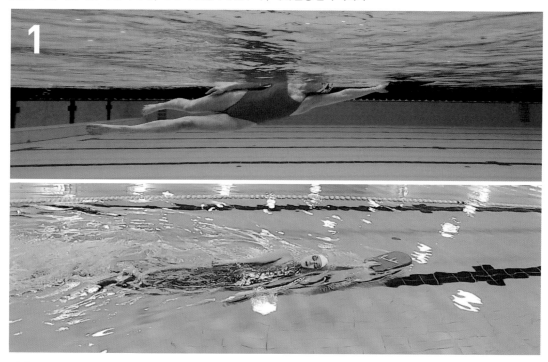

왼팔로 킥판을 잡고 몸을 오른쪽으로 롤링한 다음 사이드 킥을 하면서 앞으로 나아간다. 이때 왼팔 상완에는 머리나 귀를 붙이고, 오른팔은 자연스럽게 허벅지 옆에 두어서 몸을 일자로 만든다.

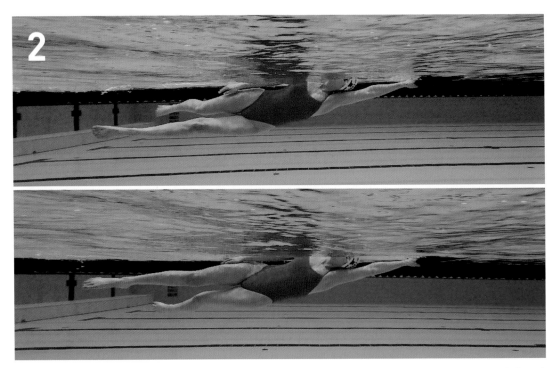

사이드 킥을 하다 보면 몸을 중심으로 다리가 교차되어야 하는데, 킥이 모자라거나 몸의 중심에서 벗어난 상태로 킥을 하여 앞으로 나아가지 못하고 옆으로 나아가는 경우가 있다. 일반적으로 위쪽(오른쪽) 다리보다 아래쪽(왼쪽) 다리의 동작이 잘못되는 경우가 많으므로 아래쪽(왼쪽) 다리에 더 집중하여 킥을 해야 한다. 두 다리가 몸을 중심으로 서로 교차하면서 측면으로 물을 밀어낼 수 있게 하자.

 **TIP** 몸이 잘 가라앉는다면 킥판을 하나 더 잡고 연습한다

처음에는 측면 스트림라인 자세가 익숙하지 않아서 뜨는 데 집중하기 때문에 킥이 잘 연결되지 않을 것이다. 물에 뜨는 것이 너무 어렵다면 킥판을 하나 더 잡고 사이드 킥을 해보자. 어느 정도 물에 뜨는 감각을 충분히 익히면 다시 킥판을 하나만 잡고 연습해본다.

## 킥판잡고 사이드 호흡 킥

왼팔로 킥판을 잡고 몸을 오른쪽으로 롤링한 다음 머리를 물속에 넣고 사이드 킥을 하면서 2~3초 정도 앞으로 나아간다.

코로 숨을 강하고 길게 뱉으면서 고개를 오른쪽으로 돌린다.

입으로 숨을 들이마시고 다시 물속으로 고개를 돌려 ①번부터 동작을 실시한다. 고개를 돌릴 때도 사이드 자세를 유지할 수 있도록 몸의 밸런스를 잘 잡도록 하자. 호흡할 때는 턱이 들리거나 머리가 팔에서 떨어지지 않도록 주의해야 한다.

 **TIP** 몸이 좌우로 흔들리지 않게 중심을 잘 잡고 연습하자

손끝은 방향키와 같다. 킥판을 너무 세게 잡거나, 복부로 몸의 중심을 똑바로 잡지 않으면 손끝이 바깥쪽을 향하게 되어 똑바로 나아가기가 어렵다. 이 경우에는 사이드 킥을 하면서 레인 줄과의 간격을 확인하자. 자신이 레인이나 벽으로부터 멀어지면 손끝을 좀 더 안쪽으로 두고, 반대로 가까워지면 손끝을 바깥쪽으로 두어서 중심을 잡고 킥 연습을 한다.

## 6 한 팔 자유형 연습

지금부터는 스트로크도 같이 하면서 영법을 해보자. 한 팔 자유형은 정확한 스트로크와 호흡 타이밍을 함께 익힐 수 있는 연습이다. 물을 밀 때는 쉽게 '?' 혹은 '〉' 모양을 생각하면 좋다. 머리 위에서 물을 밀어내기 좋게 팔을 반원(또는 '〉')모양으로 만들어 호흡과 동시에 그 원을 허벅지까지 밀어내는 방식이다. 한쪽 팔로 킥판을 잡고 동작을 천천히 해보자. 동작을 하다보면 킥판을 잡은 팔이 수면 위에 있어서 어깨에 부담이 갈 수 있는데, 만약 어깨가 너무 불편하다면 오리발을 신어서 추진에 도움을 받고 팔은 수면에 가깝게 두거나 수면 아래에 편하게 두자. 여기에서 익혀야 할 것은 빠르게 도착하는 것이 아니라 호흡과 스트로크가 어떤 방식으로 이루어지는지, 자신이 몸을 띄우기 위해서 킥을 얼마나 지속해야 하는지이다. 한 팔만 돌리는 자유형이지만 콤비 연결 동작의 핵심 연습이니 잘 배워보자.

**목적** 올바른 스트로크와 호흡 타이밍 익히기

왼팔로 킥판을 잡고 킥을 하면서 앞으로 나아간다. 오른팔은 스트로크를 시작한다.

오른쪽 팔꿈치를 세워 물잡기(캐치)를 하고, 물을 발끝까지 강하게 밀어내기 시작한다(풀). 이때 코로 숨을 뱉으면서 오른쪽으로 어깨 롤링을 시작한다.

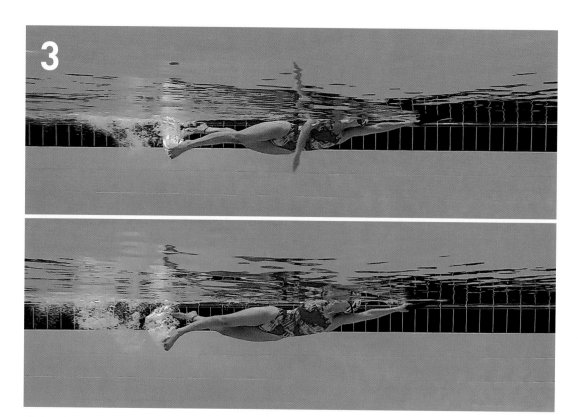

어깨 롤링을 하여 고개가 수면 위로 나오면 입으로 숨을 한 번 마신 후에 곧바로 고개를 다시 물속으로 돌린다. 호흡할 때 오른팔은 리커버리 동작을 하고 있어야 한다.

머리를 먼저 입수한 후에 리커버리한 팔이 제자리로 돌아오면, 프론트 자세로 3초 정도 킥을 한 다음 약간의 시간차를 두고 다시 ①번부터 동작을 실시한다. 끝까지 도달하면 반대쪽 팔로도 연습해본다. 반대쪽 팔로 연습할 때는 호흡하는 방향도 반대가 되어야 한다.

일반적으로 자유형은 호흡하는 방향의 팔로 스트로크를 시작함과 동시에 고개를 같은 방향으로 돌려서 호흡한다. 하지만 초보자는 자세 유지, 킥, 스트로크, 호흡 등 여러 가지 동작을 동시에 하는 것이 어렵기 때문에 호흡 타이밍을 잡기가 쉽지 않을 것이다. 만약 자신의 호흡 타이밍이 늦는다면 호흡을 먼저하고 스트로크를 시작한다는 느낌으로 연습하고, 반대로 호흡 타이밍이 빠르다면 스트로크를 먼저 시작 하고 호흡을 하는 방식으로 타이밍을 조절하자. 후자보다는 전자가 문제점으로 좀 더 많이 나타난다.

**1**

**2**

**3**

**4**

자유형이 익숙해졌다면 좀 더 정확한 타이밍에 호흡할 수 있도록 연습해보자. 스트로크가 캐치, 풀, 피니시, 리커버리로 이루어져 있다면 호흡이 시작되는 타이밍은 풀 동작이 시작되는 시점(2번)이다. 물을 잡고(캐치) 풀 동작으로 밀어냄과 동시에 코로 숨을 뱉으면서 몸을 롤 링하여 호흡하고, 반대쪽 팔은 전방으로 뻗어 글라이드를 유지한다.

|  | 1단계 | 2단계 | 3단계 | 4단계 |
|---|---|---|---|---|
| 캐치 | 0 | 0 | 1 | 2 |
| 풀 | 1 | 2 | 3 | 3 |
| 피니시 | 3 | 3 | 3 | 3 |

스트로크할 때 캐치하는 순간부터 힘을 주기 시작하면 부하가 너무 커서 부상을 당할 위험이 있다. 따라서 처음에는 스트로크를 캐치, 풀, 피니시 3단계로 나누어 캐치할 때는 힘을 주지 말고 풀&피니시로 갈수록 점점 힘을 주어 스트로크를 하도록 하자. 반복 연습을 통해 근육이 어느정도 단련되었다면 점점 힘의 강도를 늘려본다.

# 7 킥판잡고 양팔 자유형 연습

한 팔 자유형으로 스트로크의 감각을 익혔다면 이번에는 양팔로 번갈아가며 스크로크를 해보자. 자유형에서 초보자가 가장 많이 하는 실수는 먼저 스트로크하고 되돌아오는 팔을 기다리지 않는 것이다. 다시 말해서 오른팔로 물을 밀어 추진을 내면 왼팔은 자세를 유지하며 앞으로 나아가야 하는데, 오른팔이 다 돌아오기 전에 왼팔을 수면 아래로 떨구거나, 스트로크를 시작하여 추진이 제대로 나지 않게 된다는 것이다. 물을 밀어낼 수 있는 근력이 충분하거나 스트림라인이 안정적으로 잡혀있는 사람은 스트로크 연결이 빨라도 되지만, 초보자는 빠르게 스트로크하기보다는 스트림라인을 유지하는데 더 집중해야 한다. 먼저 진행한 스트로크를 끝까지 하고 동작을 이어가도록 신경 쓰면서 킥판잡고 양팔 자유형 연습을 해보자.

**목적** 올바른 스트로크 연결 익히기

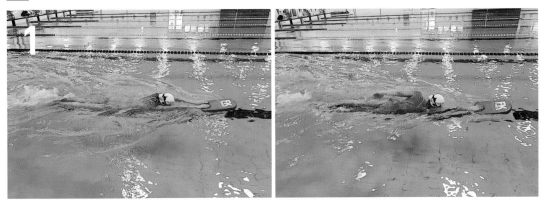

양손으로 킥판을 잡고 킥을 하면서 앞으로 나아간다. 그다음 왼팔로 전방에 있는 물을 눌러 잡아 발끝까지 밀어낸다. 이때 자연스럽게 측면 스트림라인 자세로 연결하지만 고개를 돌려 호흡하지 않도록 주의하자. 양팔 자유형에서 스트로크할 때는 호흡하는 방향의 반대쪽 팔부터 시작해야 추진력 감소가 작기 때문에 왼팔부터 스트로크를 시작한다(왼팔에서 호흡하는 사람은 오른팔부터 스트로크를 시작한다.). 호흡하는 방향의 반대쪽 팔로 스트로크할 때는 머리를 물속에 고정시키도록 하자.

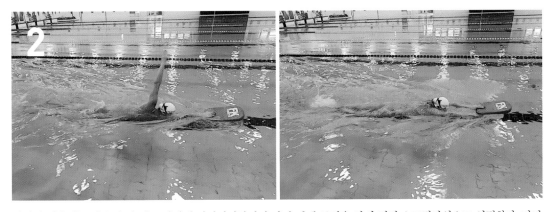

피니시 이후에는 팔을 수면 위로 가볍게 리커버리하면서 다시 어깨 롤링을 하여 정면 스트림라인으로 연결한다. 리커버리한 왼팔은 킥판을 잡고 오른팔은 킥판 옆에 둔다.

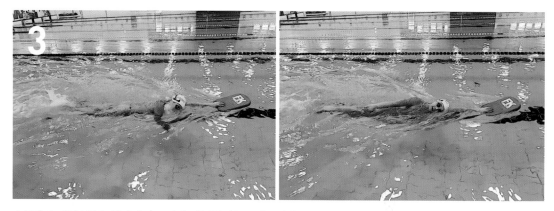

오른팔로 캐치&풀을 하면서 코로 숨을 뱉어준다(초급자는 캐치 동작에, 중급자는 풀 동작에 숨을 뱉기 시작한다.). 이때 어깨 롤링을 확실히 해주어 호흡하기 좋게 만들어주고, 오른팔은 강하게 피니시로 연결한다. 고개가 물밖으로 나와 숨을 들이마실 때는 앞으로 뻗은 왼팔과 머리가 떨어지지 않게 붙여주자.

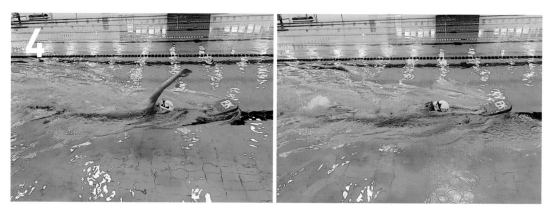

입으로 숨을 들이마신 뒤에는 리커버리하는 팔보다 먼저 머리를 입수한다. 오른팔 리커버리 후에는 킥판을 잡고 1~2초 정도 킥을 하면서 앞으로 나아간 다음 약간의 시간차를 두고 다시 ①번부터 동작을 실시한다.

 **TIP** 킥판을 잡고 있는 팔에 머리를 붙여야 하는 이유

호흡할 때는 앞으로 뻗고 있는 팔에 머리나 귀를 붙여야 하는데, 얼굴이 물에 닿는 게 익숙하지 않은 사람은 물을 먹지 않으려고 머리를 억지로 들기도 한다. 따라서 레슨할 때 자세를 고정시키기 위해서 호흡할 때 팔과 귀를 붙이라는 설명을 하게 되는데, 간혹 팔과 귀를 붙일 때 팔을 귀쪽으로 붙이는 경우가 종종 있다. 이렇게 되면 목 근육과, 승모근, 어깨에 자극이 가기 때문에 지속적으로 연습하기가 어려워진다. 팔을 귀쪽으로 붙이는 것이 아니라, 귀가 팔쪽으로 내려가야 수면 위로 머리가 들리지 않고 스트림라인을 유지하면서 앞으로 나아갈 수가 있다.

# 8 자유형 4박자 드릴

4박자 드릴은 왼쪽 사이드 킥 – 정면 – 오른쪽 사이드 킥 – 정면 이렇게 4구간으로 동작을 나누어 킥을 유지하며 앞으로 나아가는 연습이다. 4박자 드릴은 어깨 롤링 시에도 스트림라인을 유지하는 감각을 기를 수 있기 때문에 좌우 밸런스가 대칭을 이루는데 도움을 주고, 스트로크를 피니시까지 길게 밀어내는 감각도 익힐 수 있다. 지금까지 배운 킥과 스트로크를 4박자에 맞춰 매끄럽게 연결하는 연습이니 잘 따라 해보자.

**목적** 킥과 스트로크 자연스럽게 연결하기

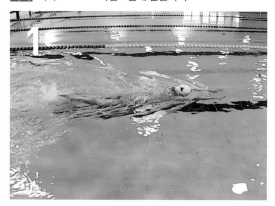

편한 스트림라인 자세로 킥을 하면서 앞으로 나아간다.

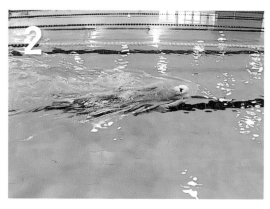

호흡하는 방향의 반대쪽 팔(왼팔)부터 물을 허벅지까지 강하게 밀어내면서 몸을 롤링한 다음 3초간 사이드 킥을 유지한다. 이때 고개를 돌려 호흡하지 않도록 주의하자.

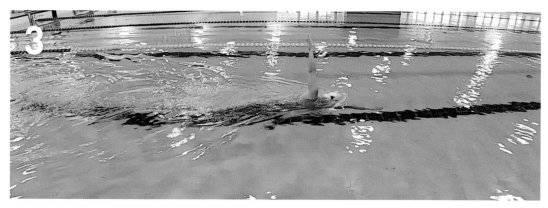

리커버리는 최대한 편하게 큰 동그라미를 만들면서 되돌려준다.

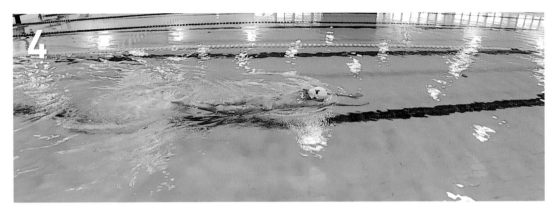

다시 처음 자세로 돌아와 3초간 킥으로 나아간다. 이때 숨이 부족하면 바로 오른팔로 스트로크를 시작하여 호흡을 연결해도 좋다.

오른팔로 물을 허벅지까지 강하게 밀어내면서 몸을 롤링하고 코로 숨을 뱉는다. 머리가 물밖으로 나오면 입으로 숨을 들이마시고 머리만 물속으로 넣은 상태로 사이드 킥을 3초간 반복한다.

피니시한 오른팔은 수면 위로 리커버리하고 편한 스트림라인으로 돌아온다. 이후에는 약간의 시간차를 두고 다시 ②번부터 동작을 반복한다.

# 04
Freestyle

# 자유형 콤비

앞에서 배운 동작을 모두 조합하여 자유형을 해보자. 무조건 빠르게 하기보다는
스트로크를 크게 연결시키고 킥을 멈추지 않는 것이 중요하다.
스트로크를 크게 하려면 'Catch up'이나 'Touch up' 스타일로 하는 것이 좋다.

- **Catch up**: 왼팔이 되돌아오면 그다음 오른팔이 교차되는 방식
- **Touch up**: 왼팔이 되돌아와서 오른쪽 손등을 터치하면 오른팔로 스트로크가 시작되는 방식

왼팔 캐치

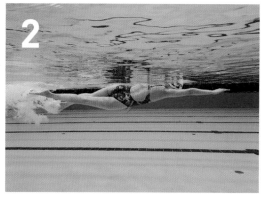

어깨 롤링하면서 왼팔 풀&피니시, 오른팔은 전방으로
글라이드

왼팔 리커버리

오른팔 캐치&풀 시작과 동시에 코로 숨을 뱉기

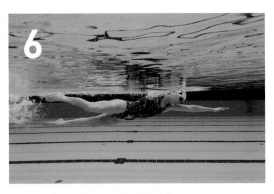

어깨 롤링과 함께 오른팔 피니시에 맞춰서 호흡, 왼팔은 전방으로 글라이드

호흡 후 머리 입수, 오른팔 리커버리

오른팔 입수

양팔 뻗고 킥 3초 후 다시 ①번부터 동작 실시

## TIP 호흡할 때 얼굴을 들지 않는다

호흡할 때 시선은 수면과 최대한 가까워야 한다. 만약 왼쪽 사진과 같이 얼굴을 억지로 들어서 호흡하게 되면 전방으로 뻗은 팔이 앞으로 밀어주지 못하고 수면 아래로 떨어져서 상하로 움직임이 큰 자유형을 하게 된다. 따라서 호흡할 때는 어깨 롤링으로 시선이 수면과 최대한 가까워야 하며 레인 줄이나 수면을 바라볼 수 있도록 해야 한다.

**TIP** 영법 중에 정면을 보면 몸이 가라앉게 된다

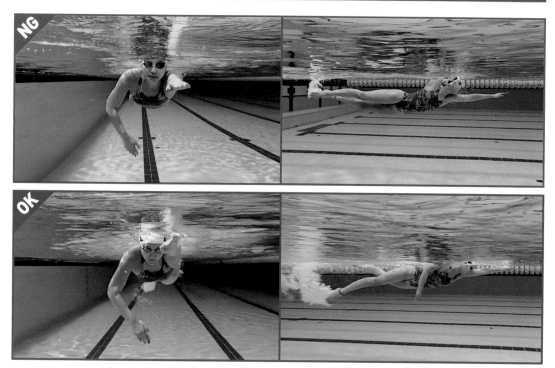

수영할 때 정면을 보게 되면 상체가 세워져서 하체가 가라앉게 된다. 턱은 주먹이나 테니스 공을 괴고 있는 느낌으로 살짝 당겨주고, 시선은 45도 전방을 주시하자.

 **TIP** 킥은 멈추지 않아야 한다

자유형은 스트로크부터 호흡, 롤링, 킥, 스트림라인, 머리 위치, 손바닥 등 신경 써야 할 것이 많아서 이중 하나를 놓치기 쉽다. 가장 많이 놓치는 것이 바로 킥인데, 킥을 멈춘다는 것은 자동차로 비유하면 주행을 해야 하는 데 시동을 끄는 것과 마찬가지이다. 영법 중에는 절대로 킥이 멈추지 않도록 하자.

## 05
### Freestyle

# 자유형 훈련일지

심화 수영으로 넘어가기 전에 몇 가지 훈련 예시를 소개한다.
훈련은 총 4가지 코스로 점점 어려워지는 형식이다. 여기에 적힌 순서대로 훈련을 해도 좋고,
이를 참고해서 자신만의 방식으로 훈련해도 좋다.

## 자유형 훈련 1

**목적** 뜨기, 멈추기, 킥 동작 익히기

### Warm Up (200m)

(물속걷기 50m | 데크잡고 호흡하기 10개)×4set

(앉아 발차기 30s | 스트림라인 뜨기 30s | 스트림라인킥 30s)×3set

### Main (750m)

25m×4  뜨기 멈추기
25m×8  킥판없이 떠서 자유형 킥
25m×8  킥판잡고 자유형 킥
25m×4  킥판없이 떠서 자유형 킥
25m×4  킥판잡고 자유형 킥
25m×2  킥판없이 떠서 자유형 킥

### Cool Down (200m)

(앉아 발차기 30s | 스트림라인 뜨기 30s | 스트림라인킥 30s)×3set

(물속걷기 50m | 벽잡고 호흡하기 10개)×4set

## 자유형 훈련 2

**목적** 사이드 킥, 사이드 자세 호흡 익히기

### Warm Up (200m)

데크잡고 측면 호흡하기 10개×4 set (좌 2 / 우 2)

25m×8 킥잡고 자유형 킥

### Main (700m)

25m×10  킥판잡고 사이드 킥
25m×4   킥판잡고 자유형 킥
25m×10  킥판없이 사이드 호흡 킥
25m×4   킥판잡고 자유형 킥

### Cool Down (100m)

25m×4   킥판없이 떠서 자유형 킥

## 자유형 훈련 3

FREESTYLE

**목적** 자유형 스트로크 익히기, 한 팔 자유형

### Warm Up (200m)

(제자리 스트로크 10회 / 킥판잡고 자유형 킥 50m)×4 set

### Main (1050m)

50m×4 사이드 킥 (홀:좌/ 짝:우)
50m×4 사이드 호흡 킥 (홀:좌/ 짝:우)
25m×8 한 팔 자유형 (홀:좌/ 짝:우)
50m×1 편한 수영 (easy)
50m×4 한 팔 자유형
50m×2 사이드 킥
50m×2 사이드 호흡 킥

### Cool Down (100m)

25m×4 킥판없이 떠서 자유형 킥


## 자유형 훈련 4

**목적** 자유형 콤비

### Warm Up (200m)

50m×2 킥판잡고 자유형 킥
50m×2 사이드 킥

### Main (1250m)

50m×6 4박자 드릴 3s (오리발) 25휴식
50m×6 4박자 드릴 2s
50m×6 4박자 드릴 1s
50m×1 휴식 수영 (easy)
25m×4 4박자 드릴 3s (오리발 없이) 25 휴식
25m×4 4박자 드릴 2s
25m×4 4박자 드릴 1s

### Cool Down (100m)

100m×1 편한 수영

FREESTYLE

BACKSTROKE

BREASTSTROKE

BUTTERFLY STROKE

# 자유형 심화 동작

선수들은 다양한 비트의 킥으로 자유형을 하지만,
6비트 킥으로 하는 영법이 가장 흔하고 동작의 연결도 자연스럽다. 자유형 심화 동작은 기본 자유형과는 다르게
팔이 3/4지점에서 교차되기 때문에 양팔이 계속 돌아가는 회전력이 생기게 되어 속도가 더 빨라진다.
어느 정도 영법이 숙달되거나 근력이 잡힌 사람은 심화 동작을 해보자.

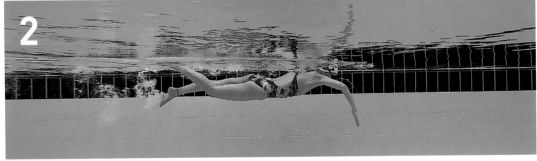

자유형 심화 동작은 반대쪽 팔이 거의 들어왔을 때 앞으로 뻗은 팔로 스트로크를 시작한다. 팔꿈치를 세워 빠른 템포
로 동작하자.

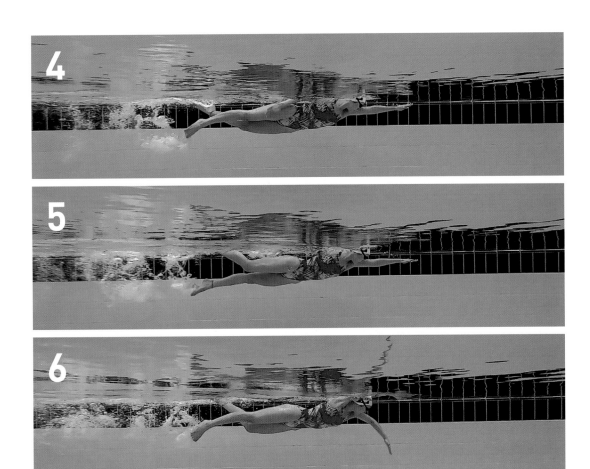

킥은 6비트로 자연스럽게 연결한다(원래는 ④~⑤번 사진 동작에서 호흡을 연결해야 한다.).

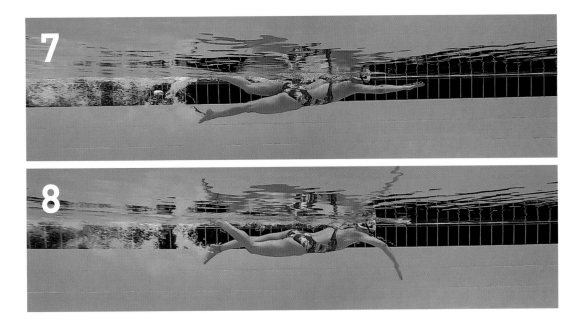

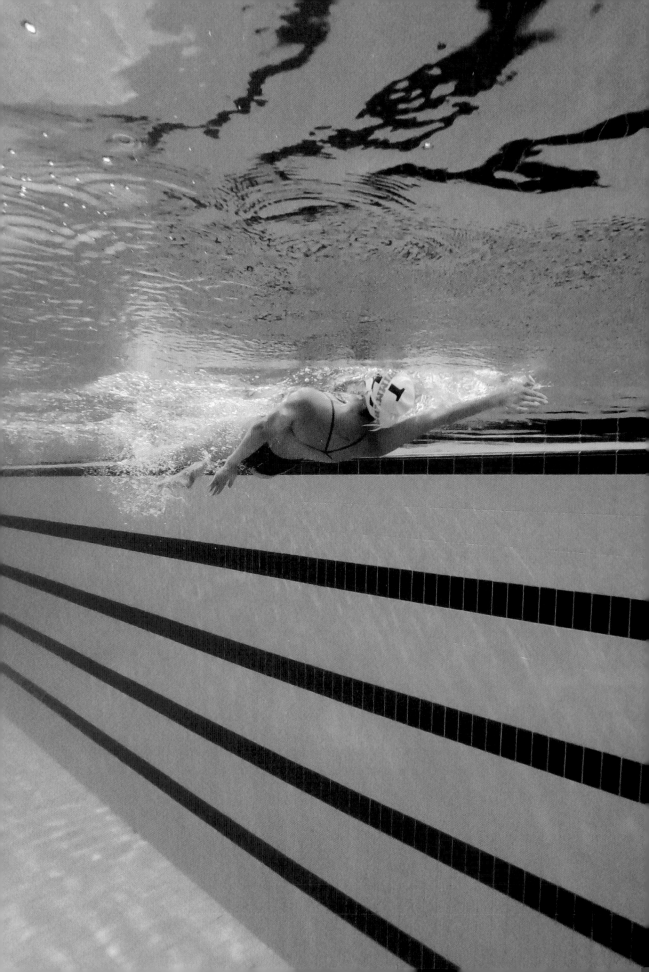

# PART 03

# BACKSTROKE

## · 배영 ·

배영은 자유형과는 반대로 배면으로 떠서 양팔과 다리를 교차로 저어 앞으로 나아가는 영법이다. 배영은 누운 자세의 평영에서 진화된 영법이며, 초기에는 웨지 킥에 양팔을 교차로 저어서 수영했는데 웨지 킥(평영 킥)보다 플러터 킥(자유형 킥)이 더 빠른 스피드를 낸다는 사실이 알려지면서 오늘날의 배영이 만들어지게 되었다. 배영은 배면 뜨기를 하기 때문에 4가지 영법 중 유일하게 수면 위로 얼굴이 나와있다. 자세를 제대로 취하지 않으면 몸이 가라앉게 되어 호흡 및 추진이 어려워지기 때문에 배면 뜨기, 호흡, 킥을 확실하게 익힌 뒤에 스트로크로 넘어가는 것이 좋다. 스트로크는 자유형과는 반대로 후측면으로부터 물을 잡아와야 하기 때문에 준비가 되지 않은 상태에서 과한 물잡기를 하면 어깨에 무리가 갈 수 있다. 따라서 초보자는 물잡기보다 배영 킥과 풀 연결에만 집중하도록 하자.

# 배영 킥

배영은 자유형과 킥을 하는 방법이 동일하지만, 배면으로 몸을 띄워서 킥을 하기 때문에 자유형과는 반대로 업 킥에서 추진력이 많이 발생한다. 다리 전체를 채찍처럼 부드럽게 움직이고 업 킥이 끝나는 마지막 순간에는 발목 스냅을 이용하여 발등으로 물을 강하게 밀어내자. 배영 킥은 수면 아래에서 이루어져야 하며 무릎, 발가락, 발등이 수면 위로 올라오지 않게 주의해야 한다. 또한 자유형과 마찬가지로 롤링이 이루어지는데, 롤링할 때 몸의 밸런스가 흐트러지지 않도록 주의해야 한다.

 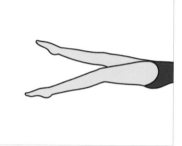

다운 킥으로 다리가 내려갈 때는 무릎을 편다.

다운 킥 후에는 업 킥을 강하게 하기 위해 무릎을 살짝 구부려 발등과 정강이에 힘이 실리도록 한다.

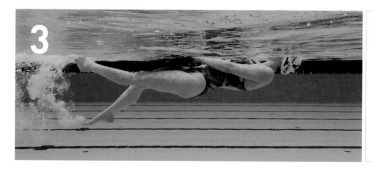 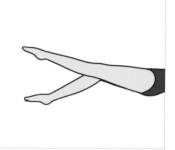

수면 위에 떠 있는 공을 하늘로 멀리 보내는 느낌으로 무릎을 펴면서 강하게 물을 밀어낸다. 이때 무릎이 수면 위로 올라오지 않게 하고 발목 스냅을 이용하여 마지막까지 발등으로 물을 밀어낸다.

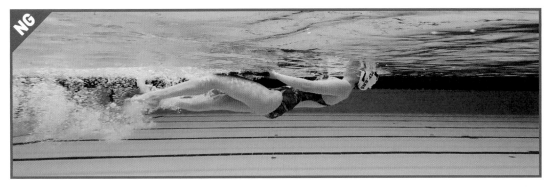

**업 킥할 때는 무릎을 펴고
발등으로 물을 밀어내야 한다**

배영 킥도 자유형처럼 채찍질하듯이 다리를 움직여 발등으로 물을 밀어내야 한다. 무릎을 구부린 상태로 물을 밀어내면 힘의 정점이 발등이 아닌 무릎이 되기 때문에 킥이 제대로 되지 않는다. 수면 위에 공이 있다고 생각하고 무릎을 펴면서 발등으로 공을 밀어내듯이 킥을 해보자. 사진과 같이 킥판을 잡고 킥을 하는 경우에는 무릎으로 킥판을 치지 않게 해야 한다.

**자전거 타듯이
다리를 굴리지 않는다**

다운 킥 때 자전거 타듯이 발바닥으로 물을 감아오면 당장은 앞으로 잘 나아가는 것 같지만 스트림라인이 흐트러지고 몸이 구부러지기 때문에 제대로 된 추진을 내기가 어렵다. 다운 킥을 할 때는 무릎을 펴고 동작하자.

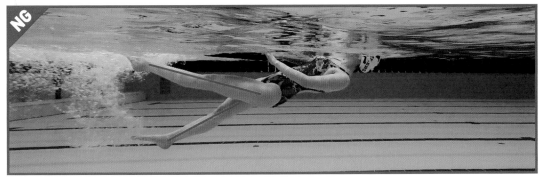

**킥할 때 무릎을
너무 펴지 않는다**

몸에 힘이 들어가거나 무릎을 과하게 펴면, 다리를 움직일 때마다 불필요한 에너지를 쓰게 되고 몸이 좌우로 흔들리기 때문에 앞으로 잘 나아가지 않는다. 배면 뜨기로 킥을 하기 때문에 몸이 좌우로 흔들리면, 물살로 인해 물을 먹을 수도 있으니 몸에 힘을 빼고 자연스럽게 킥을 해보자.

# 배영 스트로크

배영은 누워서 뒤에 있는 물을 잡아 밀어내는 스트로크를 하기 때문에 가동범위가 자유롭지 않다.
따라서 물을 밀어 추진을 만드는 동작(캐치, 풀, 피니시)에서 중요한 것은 최대한 어깨에 부담을 주지 않는 것이다.
리커버리할 때는 팔을 어깨너비 정도에서 최대한 길고 곧게 뻗어주고, 몸의 중심에서 많이 벗어나지 않게 한다.
또한 팔이 교차로 돌아가기 때문에 롤링을 잘 해서 스트림라인을 유지해야 속도가 줄어들지 않는다.
배영 역시 스트레이트 스트로크와 하이엘보 스트로크가 있는데, 먼저 스트레이트 스트로크로 동작의 형태를 익히고
익숙해지면 하이엘보 스트로크로 좀 더 속도를 내보도록 한다.

### 스트레이트 스트로크

왼팔은 힘을 빼고 머리 위로 뻗어준다. 이때 손은 수면 위에 위치한다.

왼팔을 뻗은 채로 몸을 롤링하여 수면 위에 있는 왼손을 물속으로 넣는다.

롤링을 유지하면서 머리 위에서부터 허벅지까지 물을 강하게 밀어낸다. 동작 시 팔꿈치가 구부러지지 않게 주의하고 물을 멀리 밀어내자.

허벅지까지 물을 밀어내고, 하향 젓기를 하면서 몸을 롤링하여 원래 위치로 돌아온다. 일반적으로 손바닥이 허벅지에 닿으면 곧바로 리커버리로 연결하지만, 그 전에 손바닥을 아래로 향하게 하여 하향 젓기로 마무리한 뒤에 리커버리를 하면 추진력을 좀 더 받을 수가 있다.

## 하이엘보 스트로크

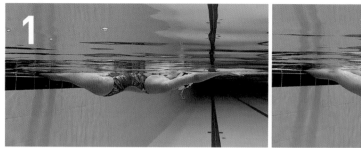

왼팔을 머리 위로 뻗어 손이 수면 위에 있게 한 다음 몸을 롤링한다.

캐치하기 전에 몸을 롤링하면서 팔을 수면 아래로 내려준다(머리 위에서 악수를 한다고 생각하면 쉽다.). 캐치할 때는 팔꿈치가 이리저리 흔들리지 않도록 중심을 잘 잡아주고 팔꿈치가 손보다 낮은 위치에서 수직이 되어야 한다.

캐치한 팔은 최대한 몸에 가깝게 해서 발끝 쪽으로 물을 밀어낸다.

피니시와 동시에 몸을 다시 롤링하여 제자리로 돌아온다. 피니시와 롤링이 하나의 동작처럼 이루어지도록 하자.

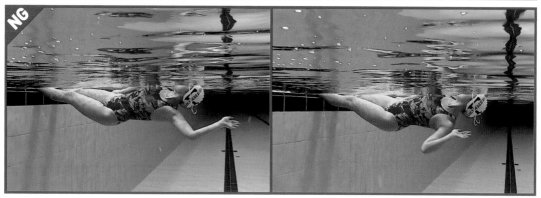

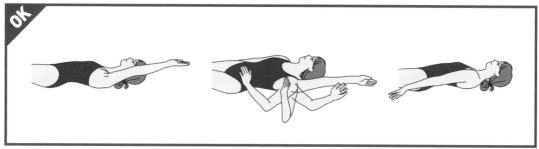

마치 물을 쓰다듬듯이 팔꿈치를 몸쪽으로 당겨서는 안 된다. NG사진과 같이 동작하면 팔 안쪽으로 물을 잡아서 밀어낼 수 없기 때문에 추진에 전혀 도움이 되지 않는다. OK 이미지와 같이 팔꿈치가 손보다 낮은 위치에서 수직이 되도록 동작하자.

## 손이 몸 중심으로 너무 들어오거나 밖으로 빠지지 않게 하자

영법을 할 때는 손끝 방향대로 몸이 나아가기 때문에 리커버리한 팔이 몸 안쪽으로 들어오거나 바깥쪽으로 빠지게 되면 좌우로 왔다갔다 하면서 수영을 하게 된다. 리커버리 시 손목이 꺾이거나 팔꿈치가 구부러지지 않게 어깨너비를 기준으로 동작하자.

# 배영 단계별 연습

배영은 얼굴이 수면 위로 나와 있어서 호흡이 쉽다고 생각하는 경우가 많은데, 생각 외로 많은 연습이 필요하다.
또한 배면 자세로 수영을 하기 때문에 각 레인마다 T라인을 볼 수 없어 많은 연습을 통해 올바른 좌우 밸런스를 몸으로 익혀야 한다.
영법을 할 때는 스트림라인 유지, 롤링과 동시에 스트로크를 시작하는 연결 동작이 중요하다.
자유형과 마찬가지로 일반적인 킥 박자는 6비트이므로 킥과 스트로크의 리듬을 단계별로 잘 연습하면
수면 위를 미끄러지듯이 나아가는 멋진 배영을 익힐 수가 있다. 먼저 배영의 호흡부터 배워보자.

## ❶ 배영 호흡 연습

배영도 팔이 수면 위에서 리커버리하는 동안 호흡을 하는데, 숨을 뱉으면 부력이 줄어들어 몸이 가라앉게 되므로 100%를 다 뱉어내기보다는 60%만 뱉고 빠르게 숨을 다시 들이마셔서 부력을 만들어주어야 한다. 여기에서는 수영장 데크에 다리를 올려두고 단계별로 호흡 연습하는 법을 소개하겠다. 초보자는 가능하면 파트너가 머리 뒤를 받쳐주어 안전하게 연습할 수 있도록 한다.

**목적** 배면 자세에서 호흡 익히기

데크에 다리를 얹고 양손으로 벽을 잡는다. 이때 시선은 무릎을 바라보고 입으로 숨을 들이마신다.

무릎에 시선을 고정한 채로 물속에 들어가자마자 코로 숨을 길게 뱉는다. 자유형과는 다르게 들어가자마자 코로 숨을 뱉어주어야 한다.

물속으로 들어가서 턱이 수면 위로 올라올 때까지 숨을 계속 뱉어주고 수면 위로 얼굴이 올라오면 다시 ①번부터 동작을 실시한다. 연습을 해보면 생각보다 턱이 잘 가라앉지 않을 것이다. 양팔로 데크를 잡고 몸을 약간 눌러 턱을 가라앉힌 후 숨을 뱉으면서 위로 올라오도록 하자.

**TIP** 숨은 길게 뱉어야 한다

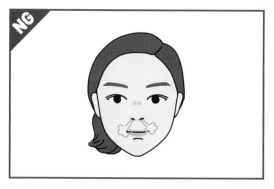

숨을 길게 뱉어주면서 올라와야 편안하게 호흡할 수 있다. 짧고 강하게 '흥!'하고 뱉으면 코로 물을 먹을 수 있으니 주의하자. 그렇다고 너무 오랫동안 숨을 뱉어서 마신 숨보다 더 많이 뱉어내서도 안 된다. 연습을 통해 적당히 길게 호흡하는 방법을 익혀보자.

 **TIP** 턱의 각도를 점점 늘려서 시선을 바꿔보자

1단계 시선: 무릎

2단계 시선: 발끝

3단계 시선: 벽

4단계 시선: 천장

처음부터 잘되면 좋겠지만 단계를 거치지 않고 곧바로 배면 호흡 4단계로 넘어가면 코나 입으로 물이 들어와서 수영에 지장을 줄 수 있다. 시간이 걸리더라도 1단계부터 4단계까지 충분히 연습하고 배영할 때 호흡을 자연스럽게 유지할 수 있도록 하자.

## 2 배영 뜨기 연습

하늘을 보고 누워서 뜨는 것에 공포심을 느껴 배영을 어려워하는 사람이 많은데, 단계별로 배면 뜨기를 잘 연습하면 그러한 문제점을 해결할 수 있다. 배면 뜨기를 하면 귀가 물속에 잠기게 되는데, 이때 팔과 허리, 다리, 발끝을 일직선으로 유지해야 한다. 억지로 배를 수면 위로 올리면 가라앉게 되니 주의하자. 배영 뜨기 연습은 ① 킥판잡고 배면 뜨기 – ② 킥판없이 손동작으로 부력을 만들어 뜨는 스컬 배면 뜨기 – ③ 배면 뜨기로 스트림라인을 유지하면서 앞으로 나아가기 순으로 진행한다. 초보자는 되도록이면 수영장 벽 근처에서 안전하게 연습하도록 하자.

### 킥판잡고 배면 뜨기
**목적** 배면으로 뜨는 감각 익히기

킥판을 잡고 수영장 데크에 두 다리를 올려서 침대에 눕듯이 편하게 눕는다. 자세를 취했는데 상체가 계속 가라앉는다면 아직 상체에 힘이 빠지지 않았기 때문이다. 몸에 힘을 빼고 안정된 자세를 찾아 오랫동안 호흡하면서 배면으로 떠 있을 수 있게 하자.

 **TIP** 배면 뜨기를 할 때는 귓불을 수면에 가깝게 하고 몸에 힘을 빼자

배면 뜨기를 처음 하는 초보자는 시야가 자유롭지 못하기 때문에 대부분 두려움을 가지게 된다. 가장 많이 나오는 실수는 얼굴이 물에 가까워지면 빠지지 않기 위해 목에 힘을 과하게 주고 머리를 수면 위로 드는 경우인데, 이렇게 하면 목에 부담이 많이 가고 몸이 더 가라앉게 된다. 좀 더 편안하게 뜨고 싶다면 오히려 귓불을 수면에 가깝게 해서 하체를 띄워 스트림라인을 유지해야 한다. 킥판잡고 배면 뜨기를 연습하면 발끝이 데크에 걸려있기 때문에 뜨는 것이 크게 어렵지는 않을 것이다. 상체가 약간 내려간다고 해도 두려워하지 말고 주기적인 호흡을 통해 안정적으로 떠 있을 수 있도록 하자.

## 스컬 배면 뜨기

**목적** 스컬 동작과 배면으로 뜨는 감각 익히기

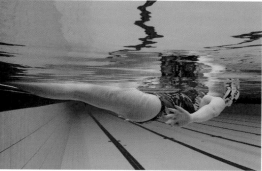

배면으로 누워서 양팔을 숫자 '8'모양으로 저으면 부력을 만들 수 있다. 먼저 몸에 힘을 빼고 가볍게 호흡하면서 배면으로 뜬 다음, 양손을 외회전하면서 몸으로부터 벌려 알파벳 'A'모양을 만들어준다.

손바닥 방향을 틀어서 내회전하여 바깥에 있는 물을 몸쪽으로 당겨온다. 이때 몸에 힘을 빼고 숫자 '8'모양을 반복해서 저어주자.

## 숨을 너무 많이 뱉지 말자

숨을 한 번에 너무 많이 뱉으면 몸이 가라앉게 되니 주의하자. 일상생활에서 호흡하듯이 주기적으로 코로 뱉고 입으로 마시는 것을 반복해야 한다. 팔은 숫자 '8'모양으로 가볍게 저어주고, 자세가 익숙해지면 조금씩 세게 저어준다. 스컬 배면 뜨기를 익히면 킥판 없이도 수월하게 떠서 킥까지 연결할 수가 있으니 잘 배워두자.

## 스트림라인 유지하며 앞으로 나아가기

**목적** 스트림라인 유지하며 배면으로 뜨는 감각 익히기

양쪽 무릎을 구부렸다 펴면서 양팔도 기지개하듯이 쭉 뻗어 1~3초 정도 앞으로 나아간다. 이때 손이 수면 위로 뜨면 몸이 가라앉으니 수면 아래에 위치하게 한다.

가라앉지 않고 좀 더 나아갈 수 있다면 킥을 하며 앞으로 나아간다. 멈추고 싶을 때는 머리 위로 뻗은 양팔을 허벅지까지 반원 모양으로 물을 밀어 역추진을 준다.

가슴 앞에서 박수를 치듯이 양손을 모아줌과 동시에 무릎을 구부리면, 엉덩이는 자연스럽게 아래로 내려가고 머리는 위로 올라온다. 윗몸 일으키기하는 느낌으로 머리를 몸쪽으로 당겨주면 수월하게 일어날 수 있다.

손바닥 방향을 틀어 물을 눌러주면서 안정적으로 일어선다.

## ❸ 배영 킥 연습

배면 뜨기가 익숙해졌다면 이제 킥을 연결해보자. 배영 킥은 자유형과 마찬가지로 무릎을 자연스럽게 구부리며 동작하는데, 자유형보다 무릎이 좀 더 구부러져도 좋지만 무릎이 수면 위로 올라오거나 발끝보다 높이 올라오면 안 된다. 킥 연습은 뜨기 연습과 마찬가지로 ① 킥판을 이용한 연습 - ② 스컬 동작 연습 - ③ 스트림라인 유지하면서 나아가는 연습 순으로 진행된다. 킥은 영법이 끝날 때까지 부드럽고 일정한 리듬으로 할 수 있도록 하자.

### 킥판잡고 배영 킥
목적 배면 뜨기에서 킥 연결하기

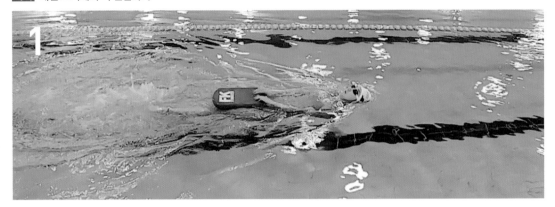

킥판을 잡고 배면으로 뜬다.

두 다리를 교차로 움직여서 앞으로 나아간다. 초보자는 대부분 동작할 때 킥판에 많이 의지를 하는데, 킥판을 너무 세게 잡거나 어깨가 귀에 가까울 정도로 긴장을 하면 몸이 가라앉게 된다. 이 경우에는 앞으로 돌아가 배면 뜨기 연습을 좀 더 하도록 하자. 몸에 힘을 빼고, 어깨와 귀는 멀어질수록 좋다.

## 무릎으로 킥판을 치지 않도록 하자

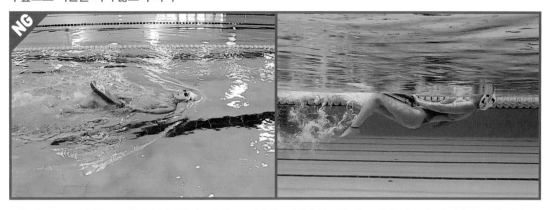

킥할 때 무릎으로 킥판을 툭툭 친다면 업 킥할 때 무릎이 구부러졌다는 것이다. 업 킥할 때는 무릎을 펴고 발등과 정강이로 물을 밀어내도록 하자.

 **TIP** 영법 중에 턱을 너무 내리거나 들지 않도록 하자

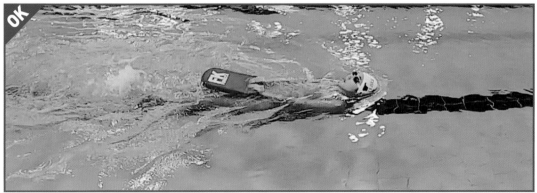

간혹 턱을 몸쪽으로 당겨서 시야를 확보하고 킥을 하는 경우가 있는데, 이렇게 하면 상체가 뜨고 엉덩이가 가라앉기 때문에 스트림라인을 만들기가 어렵다. 반대로 턱을 너무 위로 드는 것도 눈과 코가 수면 아래로 내려가 호흡을 방해하기 때문에 영법을 이어가기가 어렵다. 턱은 주먹 혹은 테니스 공을 괴는 느낌으로 몸쪽으로 약간만 당겨주자. 또한 가슴이나 배를 활짝 펴기보다는 코어에 힘을 주어 갈비뼈를 안쪽으로 약간 조여주는 느낌으로 동작하는 것이 좋다.

## 스컬 배영 킥

**목적** 배면 뜨기에서 킥 연결하기

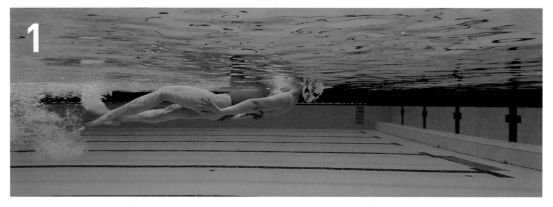

차려자세로 배영 킥을 하면서 앞으로 나아간다. 허벅지에 있던 팔은 바깥쪽으로 벌리면서 외회전하여 손등은 몸쪽, 손바닥은 바깥쪽을 향하게 한다. 이때 팔은 몸에서 15도 정도 벌어져 있는 것이 좋다.

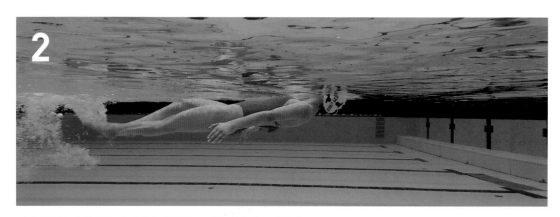

바깥쪽으로 향해 있던 손바닥을 몸쪽으로 저으면서 내회전한다.

바깥쪽에 있는 물을 몸쪽으로 가까이 가져오는 느낌으로 물을 감아온다. 허벅지에 손이 붙기 전에 다시 팔을 바깥쪽으로 저으면서 외회전하여 ①번 동작으로 연결시킨다.

사진으로 보면 손목과 전완으로만 움직이는 것 같지만, 실제로는 팔 전체를 움직여야 한다. 연습하면서 팔 안쪽으로 물을 감아오는 감각을 익혀보자. 스컬 배영 킥 연습은 배영 피니시 단계에서 상향 젓기와 하향 젓기 동작을 익히는데 도움이 된다.

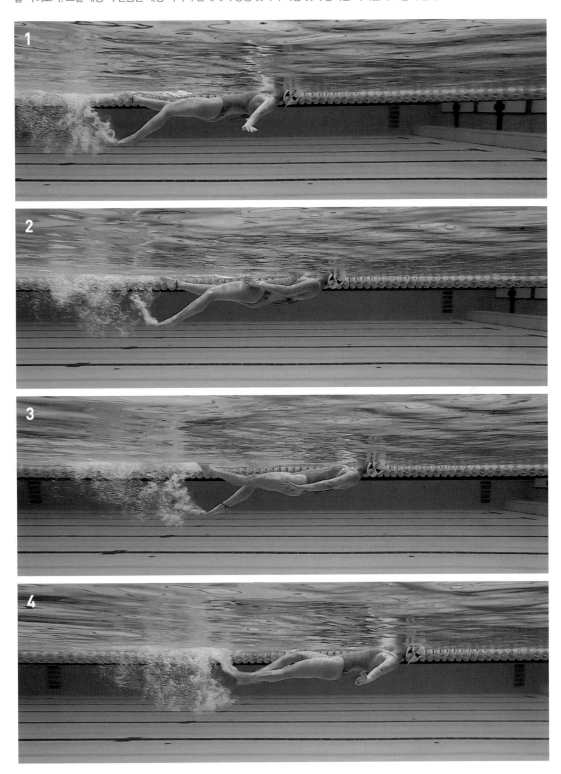

스컬 배영 킥에서 팔 동작이 어렵다면 감각을 익히는 데 도움을 주는 알파벳 연습을 해보자. 알파벳 연습은 팔을 '8'자로 움직이지 않고, 'A'부터 'I'까지 단순하게 움직이면서 물을 밀어내는 감각을 익히는 연습이다. 팔을 바깥쪽으로 벌릴 때는 천천히 젓고, 안쪽으로 밀 때는 속도감있게 저어서 물을 밀어내는 감각을 익혀보자.

몸을 중심으로 양팔을 바깥쪽으로 벌려 알파벳 'A'를 만들어준다.

손바닥으로 허벅지를 터치하도록 물을 밀어낸다.

양팔을 바깥쪽으로 좀 더 벌려서 알파벳 'T'를 만들어준다.

손바닥으로 허벅지를 터치하도록 물을 밀어낸다. 'A'로 동작할 때보다 저항을 좀 더 느낄 수가 있다.

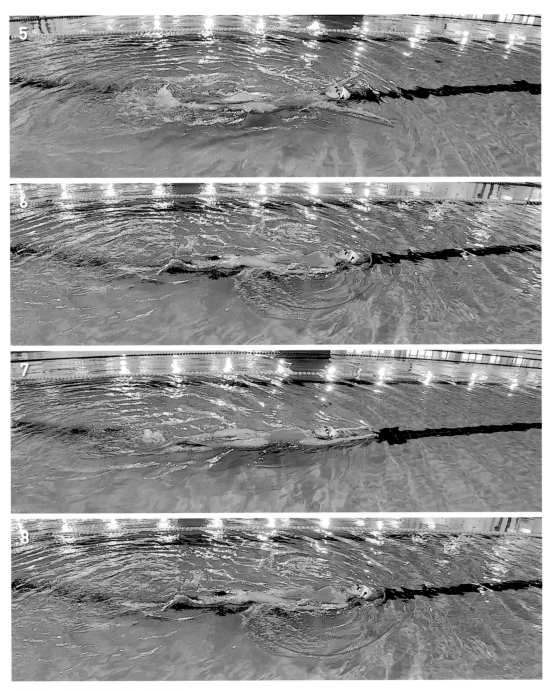

같은 방식으로 'Y'와 'I'의 형태로도 연습해보자.

## 스트림라인을 유지하면서 배영 킥

**목적** 배면 뜨기에서 킥 연결하기

스컬 뜨기까지 되었다면 양팔을 머리 위로 올려서 스트림라인을 만들고 킥을 하면서 앞으로 나아가보자. 오른발은 힘을 실어 수면 위로 물을 밀어내고, 왼발은 무릎을 펴서 다운 킥으로 내려간다.

업 킥을 할 때는 발목 스냅으로 마지막까지 강하게 물을 밀어 수면 위로 올려낸다.

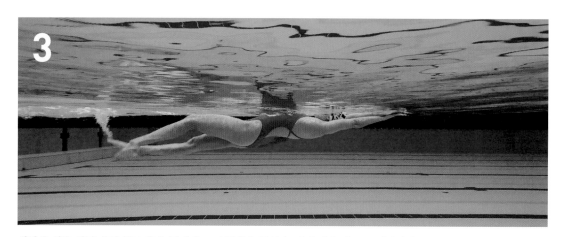

왼발은 힘을 실어 수면 위로 물을 밀어내고, 오른발은 무릎을 펴서 다운 킥으로 내려간다.

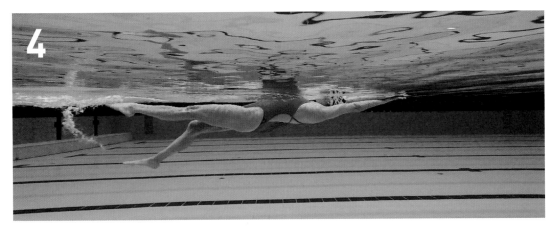

왼발은 발목 스냅으로 마지막까지 강하게 물을 밀어 수면 위로 올려낸다.

 **TIP** 상체 스트림라인은 양팔을 머리 위로 뻗어 감싸주어야 한다

사진과 같이 팔꿈치가 머리를 감싸지 못하고 벌어지게 되면 굴곡으로 인해 저항이 커지고 안정성이 떨어진다.

단순히 팔을 모으기만 해서도 안 된다. 양팔을 머리 위로 쭉 뻗어서 견갑골을 조여주자.

양팔을 뻗어 머리를 감싸준다. 이때 등을 삼각형 모양으로 만들어야 하고 손끝부터 어깨까지 굴곡 없이 매끄러운 자세를 유지해야 한다.

## ④ 양팔 배영 연습

배영 킥이 익숙해졌다면 양팔 배영을 연습해보자. 양팔 배영 연습의 주요 목적은 킥으로 몸을 띄워 스트림라인 자세를 유지하는 것과 양팔 스트로크가 대칭을 이루는 것이지만, 여기에서는 가라앉는 원리를 이용하여 호흡하는 것을 먼저 익혀보겠다. 배영 호흡은 스트로크에 맞춰 왼팔에 내쉬고 오른팔에 마시는 방식이나 스트로크 네 번에, 호흡 한 번하는 방식 등으로 하게 되는데, 이때 킥이 충분하지 않거나 팔을 물밖으로 리커버리할 때 얼굴이 물속으로 가라앉을 수가 있다. 이 경우에도 호흡은 자연스럽게 이어져야 하지만 초보자는 당황하여 호흡을 못하는 경우가 있다. 따라서 일부러 몸을 가라앉히는 양팔 배영으로 호흡을 익힌 다음 몸을 띄우는 연습을 해보도록 하자.

**목적** 호흡 익히기 | 킥과 스트로크 향상시키기

차려자세로 킥을 하면서 앞으로 나아간다. 이때 얼굴은 수면 위로 나와 있지만 호흡은 입으로 마시고 코로 내쉰다는 것을 잊지 말자.

입으로 숨을 마신 뒤에는 양팔을 수면 위로 리커버리한다. 손이 수면 위로 올라오면 몸이 가라앉게 되는데, 보통은 킥을 지속적으로 차서 가라앉지 않게 해야 하지만 지금은 호흡 연습을 위해 일부러 상체를 가라앉힌다.

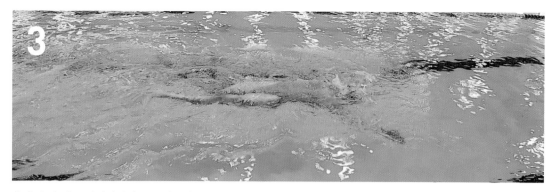

손이 수면 위로 리커버리되는 순간부터 얼굴이 가라앉았다가 뜰 때까지 코에서 지속적으로 '흐~~~웅'하며 숨을 뱉어낸다.

양팔을 쭉 편 상태로 몸 바깥쪽에서 안쪽으로 물을 잡아오면, 추진력이 강해지면서 몸이 수면 위로 뜨게 된다. 이때 입으로 숨을 마시고 양팔은 수면 아래에서 물을 당겨온다. 이후에는 다시 ②번부터 동작을 실시한다.

 **TIP  가라앉는 것을 두려워하지 말고 놀이하듯이 연습하자**

양팔 배영 연습은 손을 수면 위로 리커버리할 때 가라앉는 원리를 이용해서 호흡하는 법을 익힐 수 있다. 상체 부력이 생각보다 크기 때문에 양팔이 동시에 수면 위로 리커버리되어도 잘 가라앉지 않으니, 두려워하지 말고 호흡 주기를 잘 생각하며 연습해보자. 얼굴에 물이 닿으면 반사적으로 코로 숨을 뱉어낼 수 있을 만큼 많이 연습하는 것이 좋다.

 **TIP  호흡이 익숙해지면 몸을 가라앉히지 말고 양팔 배영을 해보자**

호흡이 익숙해지면 몸이 가라앉지 않게 킥을 지속적으로 차면서 스트림라인 자세를 유지하고 양팔로 스트로크를 해보자. 배영 스트로크를 할때 간혹 어깨를 지나치게 돌려서 부담을 주는 경우가 있는데, 양팔 스트로크를 하면 가동범위에 제한이 생겨 어깨에 부담을 주지 않고 스트로크 연습을 할 수가 있다. 이때는 킥을 강화하고 스크로크 감각을 익히는데 집중해서 동작하자.

## 5 배영 사이드 킥

배영 사이드 킥 연습은 몸을 롤링했을 때, 스트림라인과 킥을 유지하는 감각을 익힐 수 있는 연습이다. 자유형 사이드 킥과는 다르게 호흡 타이밍이 따로 없기 때문에 동작 시 머리는 움직이지 않고 정면을 계속 응시해야 한다. 먼저 사이드 킥 연습으로 좌우 스트림라인과 킥 감각을 익힌 다음 배면으로 떠서 나아가다가 사이드 킥으로 전환하는 사이드 롤링 킥 연습을 해보자. 사이드 롤링 킥은 배영의 일반적인 6비트 킥 박자를 맞추기에도 아주 좋은 연습이니 잘 익혀두는 것이 좋다.


### 사이드 킥

**목적** 어깨 롤링과 사이드 킥 감각 익히기

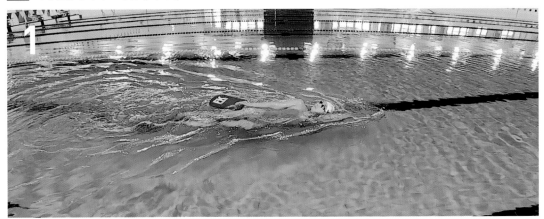

오른손은 킥판을 잡아서 허벅지에 두고, 왼손은 머리 위로 뻗은 상태로 킥을 하여 앞으로 나아간다. 이때 몸을 롤링하여 쭉 뻗은 왼팔은 수면 아래에 위치하고 오른쪽 어깨와 팔은 자연스럽게 수면 위로 올라오게 한다. 수면 위로 올라온 오른팔은 몸의 중심을 넘어가지 않도록 하자. 수영장 끝에 도달하면 반대쪽으로도 연습해본다.


### 사이드 롤링 킥

**목적** 배면 뜨기에서 롤링하여 사이드 킥으로 연결하기

왼팔은 머리 위, 오른팔은 허벅지에 두고 배면으로 떠서 킥을 하여 앞으로 나아간다.

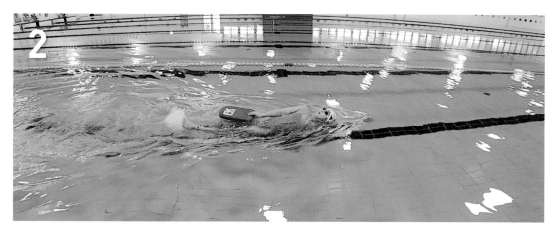

왼팔을 수면 아래로 누름과 동시에 몸을 롤링하면서 사이드 킥을 한다. 이때 몸을 롤링했기 때문에 왼팔은 수면 아래에 있고 오른쪽 어깨는 수면 위로 올라오게 된다. 5초간 사이드 킥을 유지하다가 다시 제자리로 돌아온다. 몸을 롤링했을 때 스트림라인과 킥이 자연스럽게 연결될 수 있도록 연습하자. 수영장 끝에 도달하면 반대쪽으로도 연습해본다.

 **TIP  킥 박자를 생각하면서 연습하자**

팔을 물속으로 롤링하는 타이밍에 같은 쪽 발로 업 킥을 하도록 맞춰보자. 이렇게 하면 몸이 수면 아래로 롤링하기 좋게 추진이 만들어지고 이후에 6비트 킥 박자감을 익히기에도 좋다.

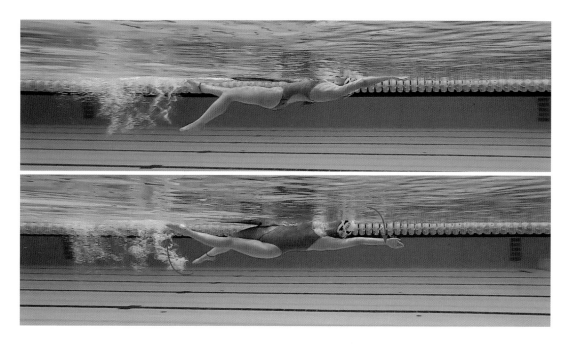

## 6 한 팔 배영 연습

한 팔 배영 연습은 호흡과 스트로크 타이밍을 맞추기에 좋은 연습이다. 또한 팔의 입수 위치를 찾기가 쉬워서 진행 방향이 일정하지 않은 사람에게도 효과적인 연습이다. 리커버리는 항상 곧고 길게 물밖으로 되돌려주고 추진을 내는 물속에서는 머리 위에서 잡은 물을 발끝까지 밀어내도록 하자. 일정한 리듬으로 킥을 하면서 한 팔 배영을 연습해보자.

**목적** 스트로크의 연결 과정 익히기

한쪽 팔은 킥판을 잡고, 반대쪽 팔은 머리 위로 리커버리한다. 팔을 리커버리할 때는 몸의 중심으로부터 많이 벗어나거나 안으로 치우치지 않게 어깨너비로 유지하자.

수면 아래에서 물을 잡아 밀어내기 위해 몸을 롤링한다.(입수)

머리 위에서부터 허벅지 방향(사선)으로 물을 밀어낸다(캐치&풀). 간혹 손등으로 물을 밀어내는 경우가 있는데, 손등이 아닌 손바닥으로 밀어내야 한다.

발끝까지 물을 밀어낼 수 있도록 강하게 피니시하여 마무리하고 제자리로 몸을 롤링하면서 다시 ①번부터 동작을 실시한다.

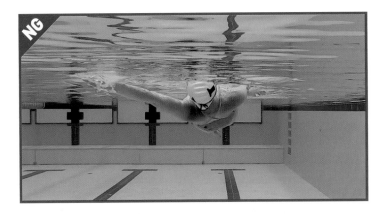

## 롤링을 똑바로 하지 않으면
## 물을 제대로 밀어낼 수 없다

배영 스트로크는 물속에서 묵직하게 물을
밀어 추진을 내야 하는데, 사진처럼 몸의 롤
링 없이 물을 밀어내면 손이 위로 떠서 수면
을 쓸고 지나가는 정도로 그치기 때문에 추
진에 도움을 주지 못한다. 더불어 물을 옆으
로 밀어내기 때문에 스트로크가 끝나고 추
진이 나더라도 정방향으로 나아가지 못하
고 측면으로 몸이 왔다갔다하게 된다.

사진과 같이 어깨만 롤링하는 경우도 많은
데, 이는 스트로크할 때 팔꿈치를 구부리
지 말고 동그란 원을 상상하라는 피드백을
받고 연습하다 보면 발생하게 된다. 주로
어깨가 유연한 사람들에게서 나타나는데,
몸을 롤링하라는 것은 어깨부터 골반까지
를 말한다. 골반을 고정시킨 상태에서 어
깨만 롤링하려고 하면 사진과 같이 어깨에
부담이 되는 자세가 만들어진다. 물속에
서는 스트로크 자체만으로도 어깨에 부담
이 되기 때문에 이처럼 각을 크게 하면 어
깨를 다칠 수도 있다. 수직으로 된 동그라
미 형태로 스트로크하는 것보다는 대각선
으로 물을 밀어내어 어깨에 부담되지 않게
동작하자.

 **TIP** 배영 스트로크의 경로는 손으로 알파벳 'W'를 그린다고 생각하자

알파벳 'W'를 상상하며 스트로크를 연습하면 좀 더 쉽게 익힐 수 있다.

동작이 익숙해지면 킥판 없이 한 팔로 스트로크를 해보자.

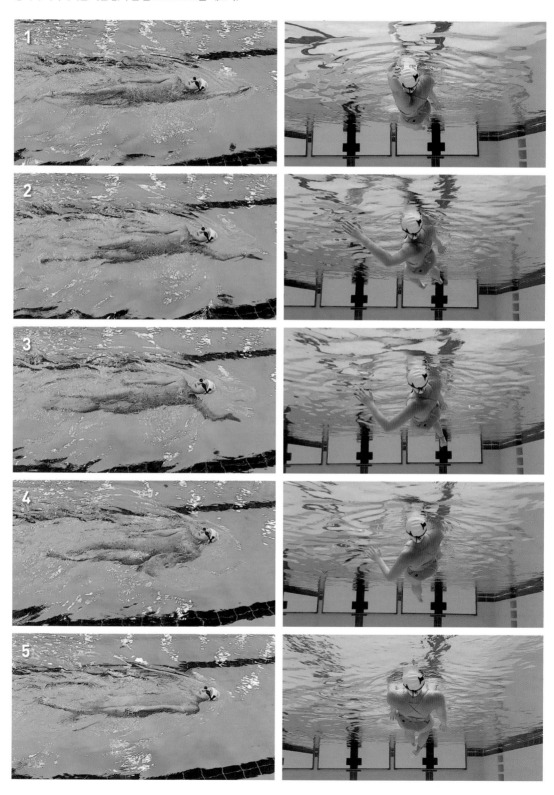

## 7 배영 9시 드릴

배영은 팔을 교차하는 타이밍이 매우 중요한데, 9시 드릴은 팔을 교차하는 타이밍과 거기에 맞춰 순간적으로 힘을 쓰는 법을 같이 익힐 수 있는 연습이다. 양팔을 90도로 유지한 상태로 영법을 시작하여 정해놓은 시간 또는 횟수가 지나면 양팔을 교차시킨다. 만약 킥이 약하다면 오리발을 착용하고 연습하자.

**목적** 배영 스트로크에서 양팔이 교차되는 타이밍 습득 | 킥 강화 및 자세 유지

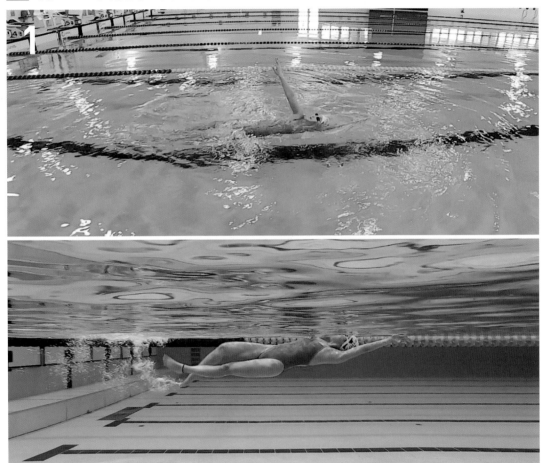

왼팔은 머리 위로 뻗고, 오른팔은 앞으로 뻗어서 양팔을 90도로 유지한다. 그다음 왼팔로 물을 잡기 쉽게 몸을 물속으로 롤링한 상태로 5초간 킥을 하며 앞으로 나아간다.

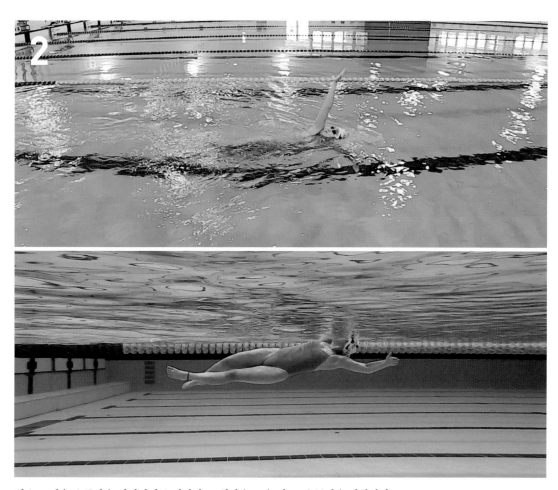

앞으로 뻗은 오른팔은 리커버리를 시작하고, 왼팔은 물을 잡고 풀 동작을 시작한다.

왼팔은 피니시 후 리커버리로 연결하여 양팔이 다시 90도가 될 수 있게 자세를 만든다. 그다음 오른팔로 물을 잡기 쉽게 몸을 물속으로 롤링한 상태로 5초간 킥을 하며 앞으로 나아간다.

앞으로 뻗은 왼팔은 리커버리를 시작하고, 오른팔은 물을 잡고 풀 동작을 시작한다. 자세로 인해 몸이 가라앉지 않도록 지속적인 킥으로 몸을 띄워 앞으로 나아가자.

9시 드릴은 양팔이 자연스럽게 교차될 수 있게 하는 좋은 연습이지만, 리듬감이 부족하면 연습의 효과를 볼 수가 없다. 리듬감이 부족할 경우에는 한쪽 팔 리커버리와 반대쪽 팔 풀 동작을 동시에 하지 말고 앞으로 뻗은 팔의 리커버리가 거의 끝나갈 쯤에 반대쪽 팔 풀 동작을 시작해보자. 이렇게 리커버리 → 풀 순서로 연습하여 팔이 교차되는 타이밍과 물을 묵직하게 당기는 풀 감각을 익히고 다시 동시에 움직이는 것을 연습해본다. 오리발을 신고 연습하는 것도 도움이 된다.

# 배영 콤비

앞서 배운 것들을 토대로 배영 콤비를 완성해보자. 배영은 다른 영법과 다르게
단순히 콤비를 완성하는 것이 아니라 구간을 나누어 자세를 유지하는 방식으로 진행하다가 서서히 완성시켜 간다.
먼저 프런트 킥 – 왼쪽 사이드 롤링 킥 – 리커버리 – 프런트 킥 – 오른쪽 사이드 롤링 킥 – 리커버리로 나누어 사이드 롤링 킥 자세에서
3초간 킥을 하며 자세를 유지한다. 이후에 사이드 킥 자세를 유지하는 시간을 줄이면 자연스럽게 배영 콤비가 된다.
배영 콤비에서 가장 중요한 것은 킥, 스트로크, 호흡을 연결했을 때 어느 하나라도 소홀하게 하지 않는 것이다.
동작을 빠르게 하기보다 천천히 자연스럽게 연결하자.

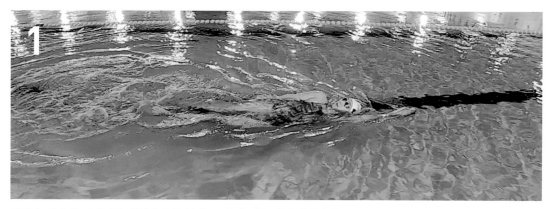

왼팔은 머리 위, 오른팔은 허벅지에 둔 상태로 3초간 킥을 하며 나아간다.

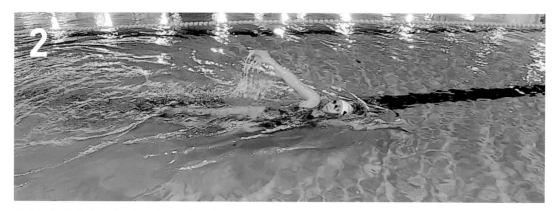

왼팔을 수면 아래로 내리면서 왼발로 강하게 업 킥을 하여 어깨부터 엉덩이까지 한 번에 롤링하고 사이드 자세로 나아간다. 오른팔은 리커버리를 시작한다.

수면 아래에 있는 왼팔은 풀 동작을 하고, 허벅지에 있던 오른팔은 어깨 선을 따라 리커버리한다.

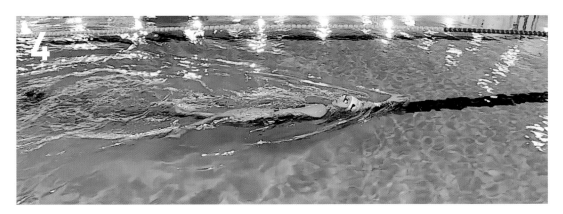

오른팔은 머리 위, 왼팔은 허벅지에 둔 상태로 3초간 킥을 하며 나아간다. 팔을 바꾼 상태로 다시 ②번부터 동작을 반복한다.

 **TIP 동작할 때 머리는 고정시켜야 한다**

머리 위에 있는 물을 허벅지 혹은 발끝으로 강하게 밀어내다 보면 그때마다 턱이 몸쪽으로 당겨지거나 머리가 움직이는 경우가 있다. 이를 머리가 끄덕인다고 표현하는데, 머리에 물병 혹은 캔 등을 올려놓고 그 물체가 떨어지지 않게 연습하면 머리를 고정시키는 연습이 될 수 있다.

 **TIP 팔의 리듬은 일정해야 한다**

자유형은 측면으로 호흡할 때 스트로크가 돌아가는 리듬이 다를 수가 있다. 하지만 배영은 배면 자세로 호흡을 하기 때문에 수영 속도가 달라지더라도 스트로크는 일정한 리듬으로 해야 한다.

 **TIP 스트림라인을 유지해야 한다**

턱을 살짝 당겨서 뒷목이 일자가 되는 느낌을 주면 몸이 뜨는데 도움을 주지만 턱을 너무 과하게 당기면 머리가 수면 위로 올라오게 되어 몸이 가라앉게 된다. 이렇게 되면 형태 저항이 증가하기 때문에 물을 아무리 강하게 밀어도 추진이 온전하지가 않다. 몸이 가라앉거나 다리가 수면 아래에 있지 않도록 수면에 가깝게 정렬선을 유지하도록 하자.

# 05
## Backstroke

# 배영 훈련일지

심화 수영으로 넘어가기 전에 몇 가지 훈련 예시를 소개한다.
훈련은 총 4가지 코스로 점점 어려워지는 형식이다. 여기에 적힌 순서대로 훈련을 해도 좋고,
이를 참고해서 자신만의 방식으로 훈련해도 좋다.

## 배영 훈련 1

**목적** 배영 뜨기, 호흡, 킥 익히기

### Warm Up (300m)
50m×3 자유형 킥
50m×3 자유형

### Main (600m)
데크에서 호흡 연습 4단계 10회씩 4세트
25m×8 배영 킥
스컬뜨기 30회 4세트
25m×8 스컬 킥
50m×4 배영 킥

### Cool Down (100m)
100m×1 부드러운 자유형

## 배영 훈련 2

**목적** 배영 스컬, 스트로크, 스트림라인 익히기

### Warm Up (600m)
200m×1   자유형 킥 & 자유 수영
25m×8   A/T/Y/I 알파벳 킥
50m×4   배영 스컬 킥

### Main (800m)
50m×4   배영 스트림라인 킥
50m×4   양팔 배영 (호흡 위주 연습)
50m×4   양팔 배영 (킥 위주 연습)
200m×1   배영 스트림라인 킥

### Cool Down (200m)
50m×4   자유형 4박자 드릴 (오리발)

## 배영 훈련 3　목적 배영 스트로크 익히기, 한 팔 배영

### Warm Up (600m)
50m×4　자유형 킥
50m×4　자유형
50m×4　양팔배영

### Main (1300m)
50m×4　배영 킥
50m×4　왼쪽 사이드 킥(25m), 한 팔 배영
50m×4　오른쪽 사이드 킥(25m), 한 팔 배영
50m×6　스트로크 3번 사이드 킥 6초
50m×4　왼쪽 한 팔 배영 25m / 양팔 배영 25m
50m×4　오른쪽 한 팔 배영 25m / 양팔 배영 25m

### Cool Down (100m)
100m×1　부드러운 자유형

## 배영 훈련 4　목적 배영 콤비

### Warm Up (500m)
50m×4　양팔 배영
50m×6　배영 킥

### Main (1300m)
50m×6　9시 드릴 3s(오리발)
50m×4　9시 드릴 1s(오리발)
100m×2　배영 콤비(오리발)
50m×6　스트로크 3번 사이드 킥 6초
50m×4　스트로크 5번 사이드 킥 3초
50m×2　배영 콤비

### Cool Down (200m)
200m×1　부드러운 자유형

FREESTYLE

BACKSTROKE

BREASTSTROKE

BUTTERFLY STROKE

# 배영 심화 동작

배영 심화 동작은 콤비 동작에서 연결이 좀 더 부드럽고 템포가 좀 더 빠르다는 것 외에 특별히 다른 점은 없다.
배영은 스트로크 박자가 일정하고 좌우 밸런스가 대칭을 이룰수록 연결이 부드러워진다.
킥 박자는 2, 4, 6, 8비트 등으로 자유롭게 할 수 있지만, 자유형과 마찬가지로 좌우 롤링에 의해 몸이 움직이기 때문에
1스트로크에 6비트로 수영해야 빠른 스피드를 낼 수 있으니 참고하자.

한쪽 팔이 리커버리를 시작하면 몸을 롤링하면서 반대쪽 팔로 풀 동작을 시작한다.

팔꿈치를 구부려 하이엘보로 물을 힘있게 밀어낸다. 스트로크와 킥의 연결이 빠르고 부드럽게 될 수 있도록 하자.

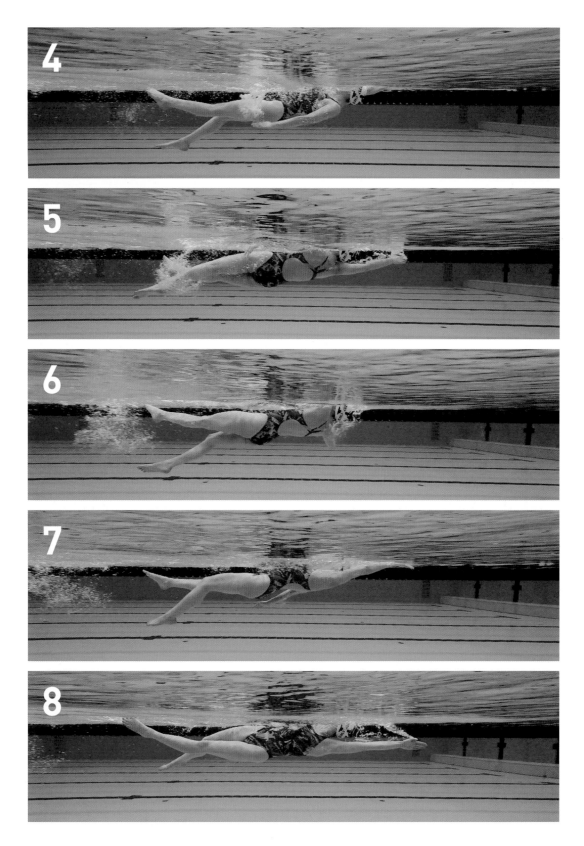

# PART 04

# BREASTSTROKE

## · 평영 ·

평영은 중세 이후 경영 종목으로 된 최초의 영법이며 자유형, 배영, 접영 모두 평영으로부터 파생되었다. 평영은 본래 수중에서 가는 경기로 시작했지만, 수중에 머무는 시간이 길어 선수가 사망하는 경우가 많았다. 따라서 이후에는 스타트나 턴을 할 때 1회의 스트로크만 수중에서 하고, 1스트로크 시 1회는 머리가 수면 위로 올라오도록 규정하여 오늘날의 평영이 만들어졌다. 평영은 가슴까지 수면 위로 올라갔다가 다시 입수하면서 스트로크를 진행하기 때문에 리커버리 시 저항이 가장 크고 속도가 느리다. 킥의 연속성보다 1스트로크와 1킥으로 스트림라인 자세를 유지하면서 앞으로 나아가는 글라이드가 중요하므로 정면 호흡과 글라이드에 집중하여 동작을 잘 배워보자.

# 평영 킥

평영은 1스트로크, 1킥으로 이루어져 있으며 영법 중 유일하게 발목을 구부려서 킥을 한다. 킥은 Frog Kick, Whip Kick,
Wedge Kick으로 나뉘는데, 어떠한 형태의 킥을 하든 발목을 바깥쪽으로 외회전하는 각이 클수록 많은 물을 감아
큰 추진을 낼 수가 있다(아래의 예시는 Whip Kick). 평영 킥은 마지막 발목 스냅을 통한 피니시 구간에서 가장 큰 추진력이 발생하지만,
추진만큼이나 중요한 것은 킥의 리커버리이다. 리커버리 시 저항을 최대한 줄여 부드럽게 되돌릴 수 있도록 연습해보자.

스트림라인을 유지하면서 두 다리를
쭉 펴고 앞으로 나아간다.

발뒤꿈치를 엉덩이 쪽으로 당겨서
부드럽게 리커버리한다.

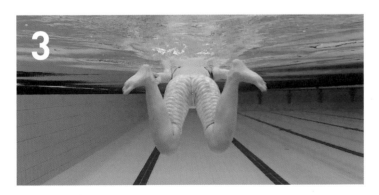

발목을 바깥쪽으로 돌려서 다리를
'W'모양으로 만든다.(Whip Kick)

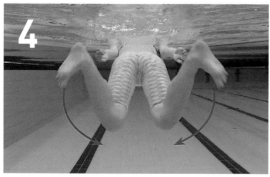

양쪽 무릎의 간격과 무릎 축을 유지하면서 바깥쪽에서 안쪽으로 물을 감아온다. 내전근과 발목 내측으로 물을 강하게 채찍질하듯이 중심으로 모아오면 강한 추진력이 발생한다.

마지막까지 추진을 주기 위해 양발을 모아준다. 이때 엄지발가락을 붙이고 발등은 수영장 바닥을, 발바닥은 수면 위를 향하게 한다. 킥을 완료하면 다리가 수면 위로 떠오르게 된다.

 **TIP 평영 킥 다리 모양**

평영 킥은 Frog Kick, Whip Kick, Wedge Kick 3가지로 나뉜다. 어떤 형태의 킥을 하든 개인의 자유이지만, 발목 동작으로 추진을 내는 피니시 구간과 리커버리 동작을 잘 할 수 있도록 연습하자.

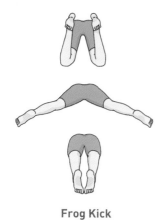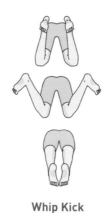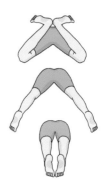

**Frog Kick**   **Whip Kick**   **Wedge Kick**

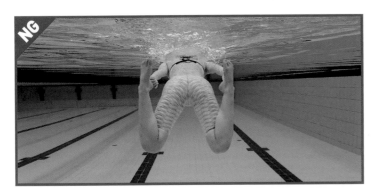

### 리커버리할 때
### 발목을 펴지 않는다

평영은 다른 영법과 다르게 리커버리할 때 발목을 펴지 않는다. 동작이 잘 되지 않는다면 킥 감각 익히기 연습(122p)을 통해 발목을 자연스럽게 구부릴 수 있도록 하자.

### 뒤꿈치를 동시에
### 발끝으로 밀어내야 한다

엉덩이 쪽으로 당겼던 뒤꿈치를 밀어낼 때는 동시에 움직여야 한다. 사진과 같이 다리가 따로 움직이면 추진이 잘 나지 않게 된다.

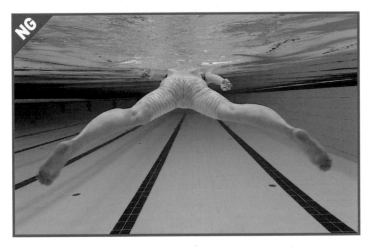

### 뒤꿈치를 밀어낼 때
### 다리 폭을 과하게 넓히지 않는다

처음 평영 킥을 배울 때 동작을 명확하게 하기 위해서 Frog Kick으로 연습하는 경우가 있는데, 뒤꿈치를 밀어낼 때는 사진처럼 다리 폭을 과하게 넓히는 것보다 어깨너비 혹은 어깨보다 약간 넓게 동작하는 것이 좋다. 유연하지 않은 사람이 다리를 과하게 벌려 킥을 하면 고관절에 무리가 갈 수 있으니 Frog Kick을 할 때는 킥의 형태를 익히는데 집중하고, 어느 정도 동작이 익숙해지면 킥의 형태를 작게 만들어주자.

### 피니시 때 두 다리가
### 떨어져 있으면 안 된다

평영 킥은 피니시 때 다리를 모아야 가장 큰 추진력이 생긴다. 만약 피니시 때 두 다리가 떨어져 있다면 추진력을 온전히 내지 못하기 때문에 반드시 다리를 모아주도록 하자.

# 02

Breaststroke

# 평영 스트로크

평영 스트로크는 부력과 추진력에 중요한 역할을 한다. 동작할 때 자유형이나 접영처럼 팔을
배꼽까지 아래쪽으로 밀어내면 돌아올 때 시간이 걸리고 물의 저항을 많이 받게 되니 주의하자.
스트로크는 가슴 라인에서 동작이 이루어지도록 하고 손끝은 항상 전방을 향해야 한다.
동작은 밖으로 젓기(Out Sweep) – 물잡기(Catch) – 안으로 젓기(In Sweep) – 리커버리(Recovery) 순으로 이루어진다.

양팔을 앞으로 뻗어 시작 자세를 만든다.

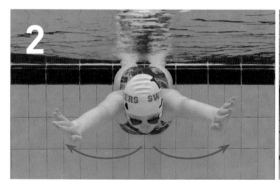 

손바닥과 전완은 전측면으로 미끄러지듯이 물을 누르면서 몸 바깥쪽으로 벌린다(Out Sweep). 이때 가슴도 같이 수면
아래로 살짝 눌러주자.

수면 아래로 살짝 눌렀던 몸이 수면 위로 떠오르면 바깥쪽으로 벌렸던 팔을 다시 몸쪽으로 감아온다. 이 동작을 물잡기(Catch)라고 하는데, 이때 두 손바닥과 전완은 발끝을 향해야 한다.

평영 스트로크에서 가장 강한 추진력을 만드는 단계인 안으로 물을 모아오는 동작(In Sweep)은 캐치 후부터 시작된다. 몸 바깥쪽에서 안쪽으로 빠르게 물을 저어오면 팔 내측에 묵직한 물의 저항이 느껴지면서 얼굴과 상체가 떠오르게 되는데, 이때 코로 숨을 뱉고, 입으로 들이마신다. 손끝은 전방을 향하게 하자.

호흡이 끝나면 다시 얼굴을 입수하면서 팔을 원래 위치로 되돌린다(Recovery). 이때 팔꿈치가 몸밖으로 벗어나지 않도록 주의하자. 이 단계에서는 자세로 인해 저항이 쉽게 발생하기 때문에 양손을 몸의 중심으로부터 터치하듯이 모아서 앞으로 빠르게 뻗어야 한다.

최종 리커버리 후에는 스트림라인을 빠르게 만들고 글라이드하여 앞으로 나아간다.

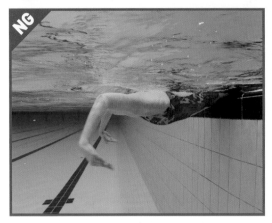

캐치&풀 동작을 할 때 왼쪽 사진과 같이 손목을 과하게 꺾으면 물을 잡는 면적이 줄어들기 때문에 추진을 위한 좋은 저항을 만들 수 없다. 손목은 깁스를 했다는 느낌으로 고정해야 한다.

## 자유형하듯이 팔을 뒤로 밀지 않는다

스트로크할 때 자유형하듯이 가슴 아래까지 물을 밀어내면 당장은 잘 나아가는 느낌이 들 수 있지만, 저항이 커져 효율적인 수영을 할 수가 없다. 정확한 동작에서도 팔을 리커버리할 때 저항이 큰데, 안으로 젓지 않고 뒤로 미는 풀 동작을 하면 그 저항이 배 이상 더 커지기 때문에 감속의 원인이 된다. 평영 스트로크는 어깨라인에서 팔이 되돌아가야 하는 것을 꼭 명심하자.

**TIP 평영 스트로크는 한 동작이다**

처음에는 평영 스트로크의 형태를 이해하기 쉽게 ① 바깥으로 젓기(Out Sweep), ② 안으로 젓기(In Sweep), ③ 리커버리(Recovery) 이렇게 3단계로 나누어서 배우곤 한다. 하지만 하나의 동작을 이해하기 쉽게 3단계로 나누어 놓은 것뿐, 실제로 스트로크를 할 때는 하나의 연결 동작으로 이루어져야 한다. 또한 초보자가 많이 하는 실수 중의 하나가 팔이 가슴 앞으로 인 스윕되는 타이밍에 호흡을 하기 위해 수면 위에서 오랜 시간 머물러 추진이 급감하는 것이다. 몸이 수면 위로 올라오는 동시에 빠르게 호흡하고 곧바로 입수하여 수면 위에서 멈추는 시간을 최소화하자.

 **TIP 평영 스트로크는 하트 모양을 생각하며 연습하자**

평영 스트로크는 하트 모양을 생각하면 동작할 때 도움이 된다. 양팔을 중심으로부터 바깥쪽으로 아웃 스윕할 때는 하트의 윗부분처럼 둥글게 전 측면으로 팔을 뻗어주고, 가슴 앞에서는 하트의 아랫부분처럼 모아져야 한다.

**TIP 평영 킥과 스트로크 연속동작**

**1**

**2**

**3**

**4**

**5**

**6**

**7**

# 03
Breaststroke

# 평영 단계별 연습

평영은 킥과 스트로크가 1회씩으로 정해져 있고 정면 호흡을 하는 영법이기 때문에 멈추고 가는 게 확실한 영법이다.
타이밍이 매우 중요한 영법이지만, 개인이 가지고 있는 신체적 특성이 다르기 때문에 어느 한 방법만을 고집할 수는 없다.
단계별 연습을 통해 자신만의 평영 타이밍을 익혀보자. 연습은 킥 – 스트로크 – 호흡 순으로 이어지고 이후에는 이들을
같이 조합하는 방식으로 진행한다. 연습할 때는 몸이 뜨는 타이밍과 효과적인 추진을 만드는 킥과 스트로크 동작에 집중하도록 하자.

## 1 킥 감각 익히기

평영 킥은 이전에 배운 자유형, 배영 킥과는 다르게 발목을 구부려서 동작한다. 또한 상하로 움직이지 않고 몸 바깥쪽에서 안쪽으로 물을
모아 밀어내는 킥을 하기 때문에 동작을 어려워하는 경우가 많다. 먼저 제자리에 서서 발목을 구부리고 다리 안쪽으로 물을 감아내는 느낌을
익혀보고 킥을 하며 앞으로 나아가는 연습을 해보자.

### 제자리 평영 킥 1
**목적** 외측에서 내측으로 감아오는 물의 감각 느끼기

한쪽 다리로 중심을 잡고, 반대쪽 다리는 발목을 구부린 상태로 바깥으로 벌린다.

바깥으로 벌린 다리를 중심을 잡고 있는 반대쪽 다리 앞이나 옆으로 가져온다. 이때 발목 내측과 다리 전체 내전근으로 묵직하게 걸리는 물의 저항을 느껴보자. 동작할 때는 마치 공을 밀어내듯이 움직여야 한다. 반대쪽도 같은 방식으로 동작하여 묵직하게 걸리는 물의 감각을 익혀보자.

## 제자리 평영 킥 2

**목적** 평영 킥의 발목 구부림 동작 익히기 | 발목의 회전 감각 익히기

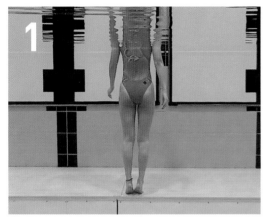

양팔을 허벅지 옆에 두고 편한 자세로 제자리에 선다.

발목을 구부려서 엉덩이 쪽으로 당긴다. 이때 가능하다면 손바닥으로 뒤꿈치를 터치한다.

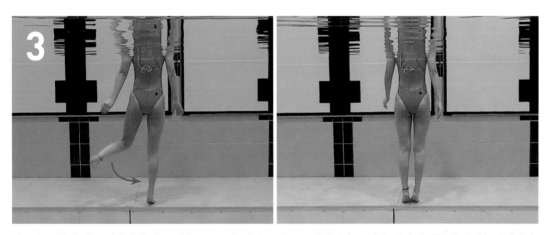

발목을 구부린 채로 정강이와 발목 내측으로 물을 감아 중심으로 밀어낸다. 그다음 다시 ②번부터 동작을 반복한다. 반대쪽도 같은 방식으로 동작하여 묵직하게 걸리는 물의 감각을 익혀보자.

 **TIP** **발목을 구부려서 내측으로 물을 모아오자**

제자리 평영 킥 2는 제자리 평영 킥 1보다 물을 밀어내는 폭이 줄어들기 때문에 좀 더 세게 물을 밀어낼 수 있다. 다리를 충분히 들어서 손바닥으로 뒤꿈치를 터치할 수 있게 하고, 킥을 밀어내는 방향으로 발목이 펴지지 않도록 주의하면서 발목 내측으로 물을 모아주자.

## 스트림라인 유지하면서 킥하기

**목적** 평영 킥 형태 익히기

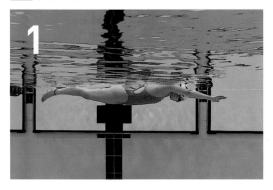

무게중심을 상체 쪽으로 눌러서 스트림라인 형태를 만들어준다.

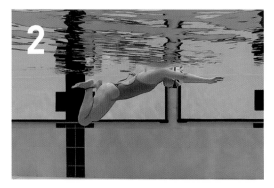

'하나'에 뒤꿈치를 엉덩이 쪽으로 부드럽게 리커버리한다.

'둘'에 어깨너비보다 조금 더 넓게 대각선으로 다리를 뻗어준다.

'셋'에 다리 내전근과 발목 내측으로 물을 감아서 모아온다. 이때가 추진력이 가장 많이 발생하는 구간이다.

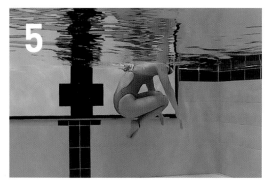

멈출 때는 무릎을 몸쪽으로 구부리고 양손을 아래쪽으로 내리면서 일어선다. 처음에는 킥을 연속으로 할 만큼 호흡이 자유롭지는 않기 때문에 스노클을 사용하거나, 호흡을 참을 수 있는 만큼 참았다가 일어서는 방법으로 진행하자.

스트림라인 유지하면서 킥하기에서는 동작의 이해를 돕기 위해 킥을 세 동작으로 나누었지만, 본래 킥은 한 동작으로 이루어져야 하며 자연스럽게 연결되었을 때 추진력이 극대화된다. 사진으로 보면 동작 하나하나 끊어서 오랜 시간을 보낸다고 생각할 수 있겠지만, 호흡과 킥에서 보내는 시간은 글라이드의 1/4정도이니 참고하자.

| 호흡 | 킥 | 글라이드 |
|---|---|---|
| 0.5초 | 0.5초 | 2초 |

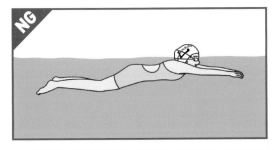

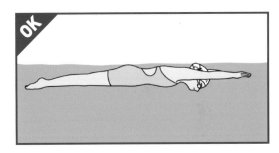

1스트로크에 1킥으로 진행하는 평영은 스트림라인을 유지하면서 글라이드하여 앞으로 나아가는 것이 중요하다. 이때 진행 방향으로 머리를 들거나 엉덩이가 수면 위로 올라오는 등으로 인해 스트림라인이 흐트러지면 추진력을 제대로 받기가 어려우니 주의하자. 킥은 짧게 여러 번 하는 것보다 한 번에 멀리 나아가는 것이 좋다.

## 무릎을 배꼽 쪽으로
## 구부리지 않는다

킥할 때 무릎을 배꼽 쪽으로 구부리면 엉덩이가 수면 위로 뜨고 몸에 굴곡이 생기기 때문에 앞으로 잘 나아가지 않는다.

## 리커버리할 때
## 다리를 세게 당기지 않는다

리커버리는 힘을 쓰는 단계가 아니다. 리커버리 시 다리를 너무 세게 당기면 뒤꿈치가 수면 위로 올라가면서 허리가 과도하게 꺾이는 자세가 나올 수 있으니 주의하자.

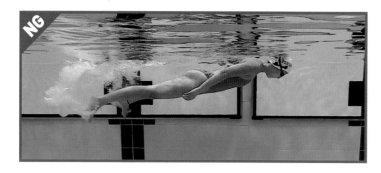

## 점프하듯이 무릎을
## 세게 펴지 않는다

평영에서의 추진력은 다리를 뻗을 때가 아니라, 물을 모아올 때 가장 강하게 만들어진다. 점프하듯이 무릎을 세게 펴면 무릎에 자극만 가고 킥의 연결이 끊어지기 때문에 추진에 방해가 된다.

스트림라인 유지하며 킥하기가 익숙해지면, 같은 방법으로 차려 자세로도 연습해보자. 팔을 내리고 동작하기 때문에 스트림라인을 잡기가 조금 더 어려울 것이다. 다리를 구부리는 동작(②번 사진)에서는 가능하다면 뒤꿈치를 손바닥으로 터치하여 다리를 충분히 구부렸다 펼수 있도록 하자.

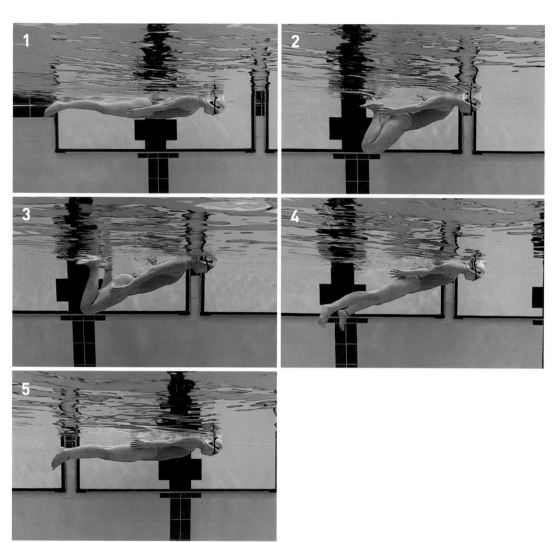

## 2 평영 킥 연습

평영 킥 연습은 킥판잡고 머리 숙이고 평영 킥 – 킥판잡고 머리 들고 평영 킥 순으로 이루어진다. 몸이 잘 가라앉고 힘이 많이 들어간다면, 먼저 머리 숙이고 평영 킥 연습을 통해 뜨는 감각을 익혀보자. 머리를 숙이면 무게중심이 상체 쪽으로 이동하기 때문에 하체가 수면 위로 뜨기 수월해진다. 동작이 익숙해지면 머리 들고 평영 킥 연습으로 넘어가 킥을 좀 더 강하게 하여 추진을 낼 수 있도록 해보자. 평영 킥 연습은 1킥, 1호흡으로 연습하여 호흡 타이밍 익히기에도 좋으니 잘 따라 해보자. 호흡할 때는 머리를 들고 수면 위에서 오랜 시간 머물러 호흡하기보다, 짧은 시간에 많이 호흡할 수 있도록 하자.

### 킥판잡고 머리 숙이고 평영 킥

**목적** 평영 킥하며 수면 위로 뜨는 감각 익히기 | 호흡 타이밍 익히기

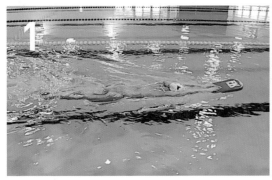

양팔로 킥판을 잡고 스트림라인을 만들면서 머리를 물속에 넣는다.

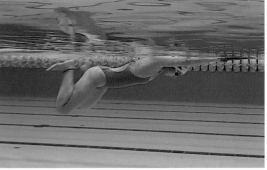

뒤꿈치를 엉덩이 쪽으로 부드럽게 리커버리한다.

 **TIP** 킥할 때 발뒤꿈치는 수면 아래로 리커버리되어야 한다

평영 킥에서 리커버리는 추진을 감소시키는 구간에 속한다. 이를 최소화하려면 발뒤꿈치가 수면 아래에서 최대한 부드럽고 자연스럽게 되돌아와야 한다. 부력이 좋은 사람은 리커버리할 때 뒤꿈치가 수면 위로 뜨기도 하는데, 그럴 때는 코어에 힘을 주어서 하체가 수면 아래에 있게 하자.

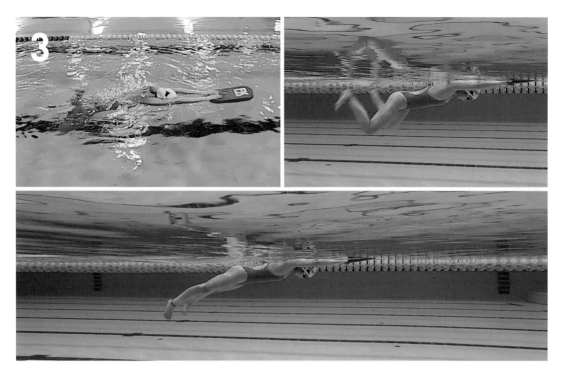

발목의 각을 넓혀 무릎 바깥쪽에 있는 물을 중심으로 재빠르게 모아온다. 머리를 들지 않기 때문에 킥으로 인해 앞으로 나아가는 추진감을 잘 느낄 수 있을 것이다.

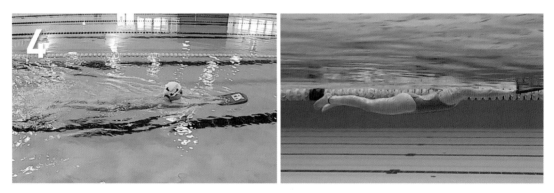

채찍질하듯이 강하게 킥을 하여 바깥쪽에 있는 물을 중심으로 모아오면 추진력이 생기고 몸이 떠오르게 된다. 이때 고개를 들어 숨을 한 번 들이마시고 곧바로 ①번부터 동작을 다시 반복한다. 한 번의 킥으로 얼마나 멀리 나아가는지 체크하면서 연습하자.

 **TIP** 호흡을 빠르게 하고 곧바로 수면 아래로 들어가자

호흡하는 시간이 길면 다리가 가라앉고 상체가 수면 위로 세워지기 때문에 추진의 흐름이 끊어진다. 이처럼 흐름이 끊기면 다음 킥을 연결하기가 어렵고, 허리에도 부담을 주게 된다. 호흡 시간이 너무 길지 않게 한 번 호흡을 하고 곧바로 물속으로 들어가 스트림라인을 유지하자.

## 킥판잡고 머리 들고 평영 킥
**목적** 평영 킥 감각 익히기 | 호흡 타이밍 익히기

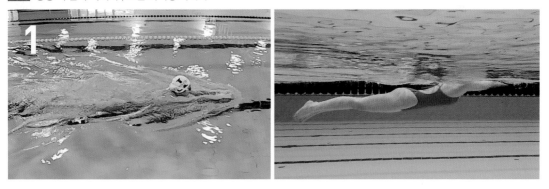

고개를 들고 양팔을 앞으로 뻗어서 스트림라인을 유지한다. 이때 손끝과 발끝을 쭉 뻗어주고 시선은 전방을 바라본다.

코어에 힘을 주면서 발뒤꿈치를 엉덩이 쪽으로 당긴다. 이때 다리와 발바닥이 수면 위로 올라오지 않게 주의하자.

물을 밀어낼 때도 수면 위로 뒤꿈치가 올라가지 않도록 주의하고, 수면 아래에서 물을 휘감아 중심으로 모아준다. 몸의 부력이 좋아 잘 뜨는 사람은 킥을 할 때 다리가 수면 위로 나오기도 하는데, 이렇게 되면 앞으로 나아가는 물의 저항이 걸리지 않기 때문에 추진력이 매우 약해지게 된다. 따라서 킥을 할 때는 코어에 힘을 주어서 하체가 수면 아래에 있도록 해야 한다.

 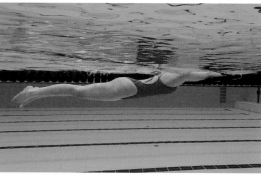

스트림라인을 만들어서 킥으로 인해 앞으로 나아가는 스피드감을 느껴보자. 머리 들고 하는 평영 킥은 상체가 수면 위로 뜨기 때문에 하체가 가라앉기 쉽다. 따라서 머리 숙이고 평영 킥을 했을 때보다 글라이드를 짧게 하는 것이 좋고, 킥을 연속으로 해야 몸이 뜨기 때문에 평영 킥이 익숙해진 상태에서 연습하면 킥을 강화하는데 매우 좋다.

 **TIP**   **코에 물이 닿아도 두려워하지 말고 연습하자**

처음에는 연습할 때 얼굴이 물에 닿으면 안될 것 같은 느낌이 들겠지만, 물은 턱이나 코까지 닿을 수 있다. 머리 들고 평영 킥은 머리를 수면 위로 드는 것이 아니라 시선을 전방으로 두라는 의미이기 때문에 코까지 물이 닿는 것을 두려워하지 말고 킥과 스트림라인 자세에 집중하여 연습하자.

 **TIP**   **자꾸 가라앉는다면 스노클을 이용해보자**

킥에 집중하고 싶은데 호흡할 때마다 가라앉아서 킥의 흐름을 놓친다면 스노클을 사용하여 고개를 숙이고 연습해보자. 머리를 들지 않아도 호흡할 수 있기 때문에 자세를 익히기가 좀 더 수월할 것이다.

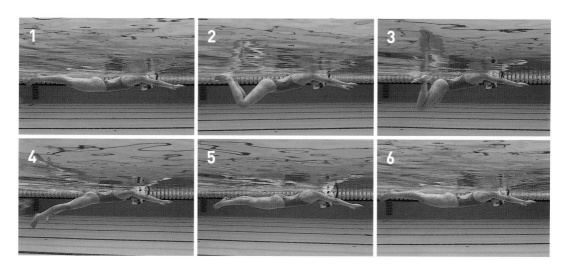

## ❸ 아웃 스윕과 인 스윕

아웃 스윕과 인 스윕 연습은 스트로크와 호흡 타이밍을 익히기에 아주 좋은 연습이다. 아웃 스윕은 양팔을 벌려 물을 잡아올 폭을 만드는 동작이다. 양팔이 시계바늘이라고 가정하면 왼팔은 10시, 오른팔은 2시 방향으로 젓는다. 그다음 손바닥을 되돌려 추진을 만드는 인 스윕을 하는데, 이때 팔 전체 안쪽으로 물을 감아오는 느낌을 익혀야 한다. 인 스윕을 하면 상체가 수면 위로 뜨는 순간이 있는데, 이때가 호흡을 하는 타이밍이 되므로 감각을 잘 익히도록 하자.

**목적** 호흡 타이밍 익히기 | 몸의 부력을 이용하여 뜨는 방법 익히기 (눌러야 뜸) |
전방으로 글라이드하는 감각 익히기

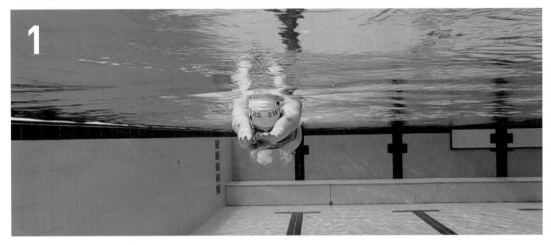

양팔을 앞으로 뻗으면서 나아간다. 스트로크 동작을 익히는 연습이므로 자유형 킥을 하여 추진에 도움을 준다.

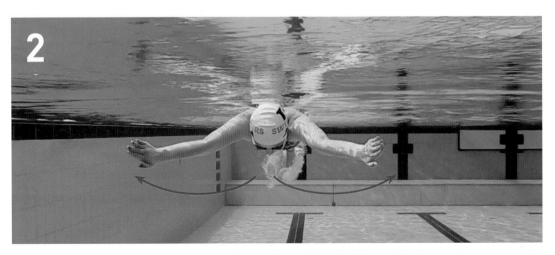

양쪽 엄지손가락을 바닥쪽으로 향하게 하면서 왼팔은 10시, 오른팔은 2시 방향으로 젓는다(아웃 스윕).

그다음 손바닥의 방향을 바꿔서 엄지손가락이 수면을 향하게 하고 박수를 치듯이 동작하여 중심으로 재빨리 돌아온다. 이때 팔꿈치를 구부리지 않도록 주의하자. 연습할 때는 스노클을 이용하거나 호흡을 참았다가 일어서는 방식으로 하여 반복한다. 동작이 익숙해지면 아웃 스윕할 때(②번 사진) 가슴을 수면 아래로 누르면서 연습해보자. 가슴을 수면 아래로 누르면서 아웃 스윕을 하면 인 스윕 때 상체가 수면 위로 떠오르는 것을 느낄 수 있을 것이다. 이는 나중에 호흡 타이밍을 익힐 때 도움이 된다.

 **TIP** 팔을 뻗을 때는 약 120도 정도 벌어지는 것이 좋다

팔을 바깥으로 저을 때는 양팔을 수평으로 벌리는 것보다 전측면으로 벌리는 것이 좋다. 앞으로 전진하면서 전측면으로 팔을 벌려 아웃 스윕해야 인 스윕 때 추진을 더 많이 만들 수가 있기 때문이다.

## 4 동그라미 호흡 킥

앞에서 배운 킥과 호흡, 스트로크를 조합해보자. 여기에 소개한 동그라미 호흡 킥은 킥과 호흡, 스트로크를 모두 하면서 평영의 추진력을 잘 느껴볼 수 있는 연습이다. 동그라미는 동그란 접시나 쟁반 등을 상상하여 팔로 그림을 그리듯이 만들어준다. 이때 중요한 것은 손끝이 전방을 향해야 하고 동그라미는 세로로 그려져야 한다는 것이다. 동그라미를 그리면서 물을 눌러 묵직한 저항을 느껴보자.

**목적** 평영 킥과 스트로크, 호흡 타이밍 익히기 | 전방으로 글라이드하는 감각 익히기

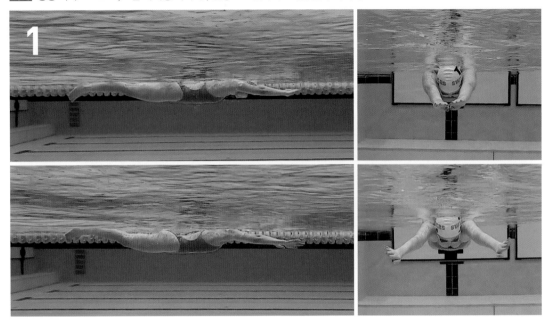

양팔을 곧게 펴고 수면 아래로 동그라미 모양을 만든다. 이때 걸리는 묵직한 물의 저항은 몸을 수면 위로 띄우고 앞으로 나아가게 하는 좋은 저항이다.

양팔을 편 상태로 동그라미를 그리면 상체와 얼굴이 수면 위로 올라가 호흡할 수 있는 타이밍이 만들어진다. 얼굴이 수면 위로 올라가면 짧게 한 번 호흡을 하고, 재빠르게 다시 수면 아래로 들어간다.

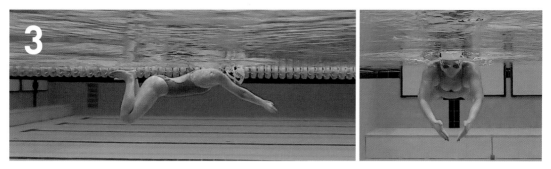

머리가 물속으로 들어옴과 동시에 발뒤꿈치를 엉덩이 쪽으로 부드럽게 리커버리한다.

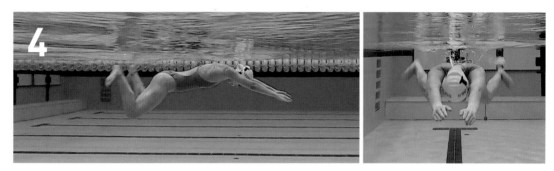

동그라미를 그린 양팔은 물을 가르고 나아가기 좋게 뾰족한 화살코 모양으로 만들어주고, 양발은 몸 바깥쪽에서 안쪽으로 물을 휘감아 추진을 준다. 정면에서 보면 발목이 어깨너비보다 바깥쪽으로 더 벌어진 것을 볼 수 있는데, 이처럼 발목의 각이 넓을수록 더 많은 물을 감아올 수가 있다.

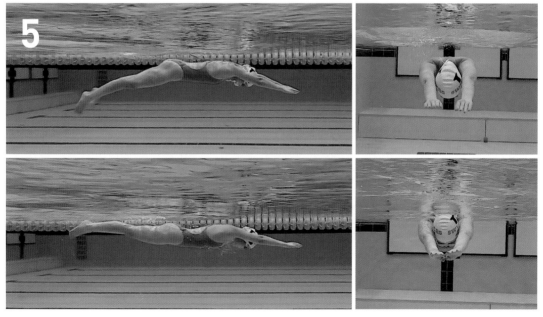

강하게 채찍질하듯이 물을 모아오면, 상체가 유지하고 있는 스트림라인을 따라 수면 아래로 미끄러지듯이 글라이드를 할 수 있다. 시선은 바닥을 바라보고 다시 ①번부터 동작을 실시한다.

## 5 자유형 킥&평영 스트로크

킥과 호흡, 스트로크를 조합하여 어느 정도 감각을 익혔다면 평영에서 포인트가 되는 부분을 좀 더 보강해보자. 자유형 킥&평영 스트로크 연습은 스트로크와 호흡 타이밍을 강화하는 연습이다. 상체에는 부력 주머니 역할을 하는 폐가 있기 때문에 몸을 수면 위로 뜨게 한다. 이를 이용하여 상체에 힘을 주어 눌렀다가 풀어주는 동작을 반복하여 몸이 뜨는 타이밍을 익혀보자. 평영은 다른 영법에 비해 스트로크가 약해서 추진이 어려울 수 있는데, 자유형 킥을 하면 추진에 도움을 받아 상체 동작에 집중할 수가 있다. 동작하는 동안 자유형 킥을 유지하여 추진이 멈추지 않도록 하자.

**목적** 몸의 부력을 이용하여 뜨는 방법 익히기(눌러야 뜸) | 스트로크 연결 감각 익히기 | 글라이드 타이밍 익히기

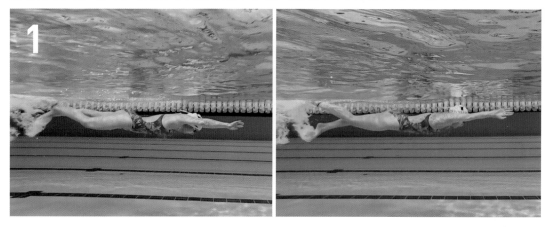

팔을 전방으로 뻗고 자유형 킥을 하면서 앞으로 나아간다. 스트로크 시작 전 양팔을 바깥쪽으로 아웃 스윕하면서 가슴을 수면 아래로 눌러준다. 이때 팔이 가슴보다 아래에 있지 않도록 주의하자. 가슴을 잘 눌러주어야 이후에 상체를 수면 위로 띄우기가 수월하다.

몸이 뜨는 타이밍에 맞춰 인스윕을 시작하면 몸이 쉽게 수면 위로 올라오게 된다.

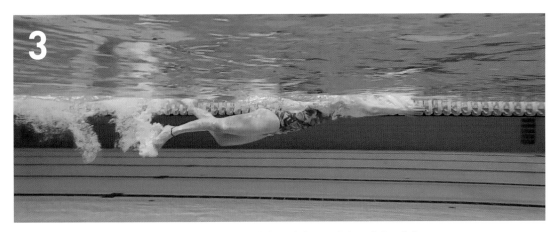

재빠르게 호흡한 뒤 곧바로 물속으로 다시 돌아오고 양팔을 전방으로 뻗어 글라이드한다.

자유형 킥은 멈추지 않고 계속 해주어 몸이 가라앉지 않게 하자. 이후에는 다시 ①번부터 동작을 실시한다.

 **TIP** 아웃 스윕할 때 손과 팔은 어깨보다 위에 위치해야 하고 가슴을 충분히 눌러주어야 한다

아웃 스윕할 때 가슴을 누르는 폭이 작으면 몸이 수면 위로 잘 떠오르지 않는다. 또한 손끝의 방향이 수면 아래에 있거나 가슴보다 낮으면 몸을 띄우기가 어렵다. 손과 팔은 어깨와 가슴보다 위쪽에 위치하게 하고 가슴을 충분히 눌러주도록 하자.

## 6 2킥 1풀

평영을 완성하기 전 마지막 연습은 2킥 1풀이다. 이 연습은 물속에서의 스트림라인과 킥의 추진을 강화할 수 있고 수면 아래로 글라이드하는 시간이 길기 때문에 심폐지구력도 향상시킬 수 있다. 평영 킥 두 번에 스트로크를 한 번하는 연습인데, 첫 번째 킥은 수면 아래로 충분히 글라이드할 수 있도록 추진을 주고, 두 번째 킥은 몸이 수면 위로 떠오를 수 있도록 추진을 주어 스트로크 타이밍을 익혀보는 방식이다. 2킥 1풀로 25m를 몇 번에 가는지 확인하면서 연습한 뒤 더 적은 횟수로 같은 거리를 나아갈 수 있도록 연습해보자.

**목적** 출수 타이밍 익히기 | 글라이드 감각 익히기

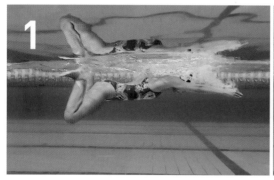 

평영 킥으로 완만하게 수면 아래로 글라이드한다.

상체는 스트림라인 형태를 유지하고 수면 아래에서 두 번째 킥을 실시한다. 이때는 아래쪽으로 글라이드하는 것이 아니라 위로 떠오를 준비를 해야 한다.

 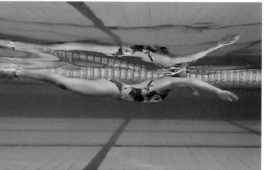

두 번째 킥에 맞춰 가슴을 누르면서 스트로크를 시작하여 상체가 수면 위로 뜨는 감각을 익힌다.

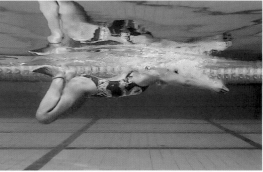

상체가 수면 위로 올라가면 호흡 후 재빨리 물속으로 돌아와 다시 ①번부터 동작을 실시한다.

 **TIP  동작이 익숙해지면 서서히 킥의 횟수를 늘려보자**

킥의 횟수는 늘릴 수 있지만 숨을 참는 시간이 길어져 호흡이 부족하면 정확한 동작과 타이밍을 익힐 수가 없다. 먼저 동작을 익히는데 집중하고, 호흡이 여유롭다고  느껴지면 3킥 1풀이나 4킥 1풀 등으로 서서히 킥의 개수를 늘려서 글라이드하는 감각을 익혀보자. 이때는 수면 아래로 계속 내려가는 것이 아니라 중간에 앞으로 나아가는 방식으로 진행이 되어야 한다.

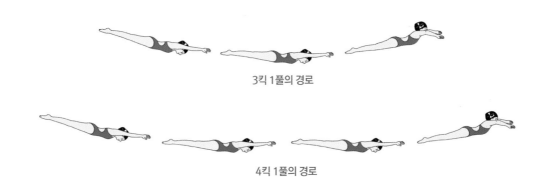

3킥 1풀의 경로

4킥 1풀의 경로

 **TIP  킥을 강하게 하자**

2킥 1풀은 수면 아래로 글라이드하는 자세와 스트로크할 때 수면 위로 뜨는 감각을 익힐 수 있는 매우 좋은 연습이다. 하지만 킥의 추진이 약하면 몸을 수면 아래로 충분히 눌러줄 수 없기 때문에 글라이드가 되지 않고, 킥을 하자마자 몸이 수면 위로 뜨게 된다. 이렇게 되면 스트로크 시작 타이밍을 익힐 수 없게 되므로 2킥 1풀의 연습 효과를 얻을 수가 없다. 따라서 2킥 1풀을 하기 전에는 반드시 킥 동작이 연습되어 있어야 한다.

 **TIP  수면 아래로 글라이드할 때는 수영장 바닥을 보자**

수면 아래로 글라이드할 때 시선이 정면에 있으면 글라이드를 할 수 없게 된다. 스트로크 후 강한 킥과 함께 수면 아래로 글라이드할 때는 수영장 바닥을 바라보도록 하자.

# 04
Breaststroke

# 평영 콤비

앞에서 배운 동작을 조합하여 평영을 완성해보자. 스트로크와 킥도 중요하지만,
지치지 않고 오랫동안 평영을 하려면 스트림라인을 유지하는 것이 중요하다.
한 번의 스트로크로 멀리 나아갈 수 있도록 스트로크 수를 세면서 연습하자.

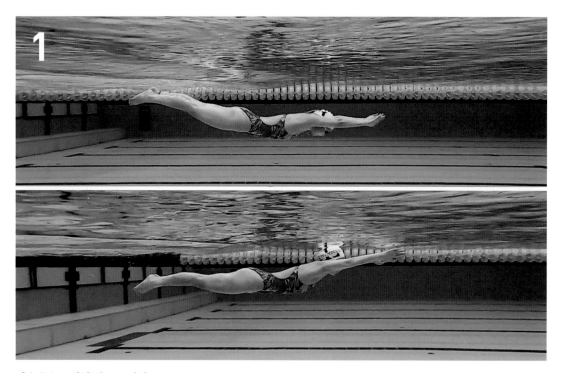

가슴을 누르면서 밖으로 젓기(Out Sweep)

물잡기(Catch)

호흡하면서 안으로 젓기(In Sweep),
다리는 수면 아래에서 리커버리 시작

머리 입수, 팔 동작 피니시와 동시에
킥 리커버리

상체 중심 앞으로 보내면서 발목 각
넓히고 킥으로 물을 밀어내기 시작

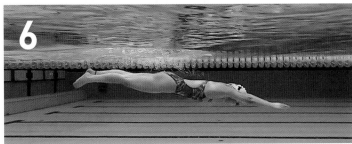

킥 동작 완료 후 킥의 추진으로 인한
물속 글라이딩

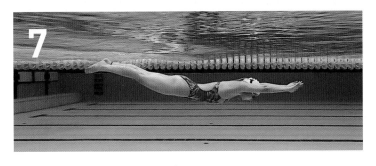

다시 ①번부터 동작 실시

## 일부러 턱을 들어 호흡하면 안 된다

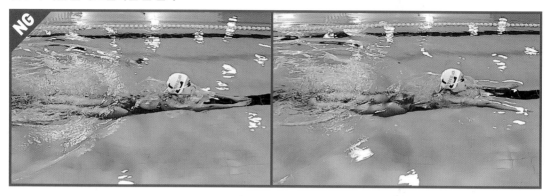

아웃 스윕을 하기 전부터 일부러 턱을 들어 호흡하려고 하면 물의 저항을 받아 추진력이 줄어드니 주의하자. 아웃 스윕 후 인 스윕을 하면 상체가 뜨기 때문에 얼굴이 자연스럽게 수면 위로 올라오게 된다.

## 호흡한 후에는 곧바로 머리를 물속으로 넣어야 한다

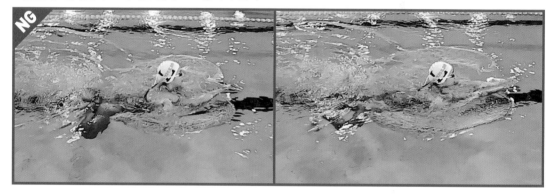

호흡한 후에는 팔을 전방으로 뻗으면서 머리가 수면 아래로 내려가야 하는데, 머리가 늦게 들어가거나 전방을 계속 주시하게 되면 킥의 추진력이 감소하게 된다.

## 영법 중에는 엉덩이가 수면 위로 올라오지 않아야 한다

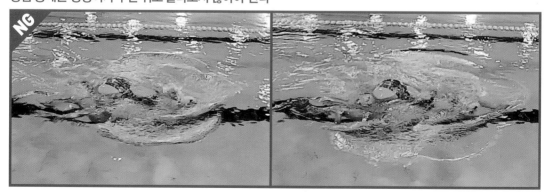

엉덩이가 수면과 가까워져야 하는 것은 맞지만, 위 사진처럼 무릎을 가슴 쪽으로 너무 많이 당겨서 올라오면 스트림라인이 무너진다.

## 손으로 일부러 웨이브를 만들지 않는다

몸이 완만하게 올라왔다가 내려가면 자연스럽게 큼지막한 웨이브가 만들어진다. 간혹 이와 같은 웨이브를 일부러 손으로 만드는 사람들이 있는데, 이렇게 하면 상하로 움직이는 폭이 커지기 때문에 힘만 들고 앞으로 나아가는 거리는 줄어들게 된다.

# 05
Breaststroke

# 평영 훈련일지

심화 수영으로 넘어가기 전에 몇 가지 훈련 예시를 소개한다.
훈련은 총 4가지 코스로 점점 어려워지는 형식이다. 여기에 적힌 순서대로 훈련을 해도 좋고,
이를 참고해서 자신만의 방식으로 훈련해도 좋다.

## 평영 훈련 1 　　 목적 평영 킥, 평영 뜨는 감각 익히기

### Warm Up (500m)

50m×3　자유형 킥
100m×1　자유형
50m×3　배영 킥
100m×1　배영

### Main (900m)

제자리 평영 킥 12회 좌·우 각 2세트
25m×8　평영 킥 1회 뜨기 멈추기
25m×8　평영 킥 2회 뜨기 멈추기
50m×5　킥판잡고 평영 킥 (머리 숙이고)
50m×5　동그라미 킥

### Cool Down (200m)

200m×1　평영 킥 뜨기 멈추기

## 평영 훈련 2 　　 목적 평영 호흡&킥 타이밍 , 평영 킥 강화하기

### Warm Up (300m)

300m×1 자유 수영

### Main (1000m)

50m×5　킥판 잡고 평영 킥
50m×5　작은 동그라미 킥
50m×5　큰 동그라미 킥
50m×5　스노클 킥

### Cool Down (200m)

200m×1　배영 스트림라인 킥

## 평영 훈련 3

**목적** 평영 스트로크 익히기

### Warm Up (400m)

400m×1 자유 수영

### Main (600m)

제자리 스트로크 10회 2세트
50m×5　스노클 평영 스트로크 | 자유형 킥
50m×1　평영 콤비
제자리 스트로크 10회 2세트
50m×5　평영 스트로크 | 자유형 킥
50m×1　평영 콤비

### Cool Down (200m)

200m×1　동그라미 킥

## 평영 훈련 4

**목적** 평영 글라이드, 평영 콤비 익히기

### Warm Up (500m)

200m×1　배면 평영 킥
50m×6　평영 킥

### Main (1000m)

200m×1　스노클 평영 스트로크 스컬
25m×8　평영 킥 2번 스트로크 1번
50m×4　평영 콤비
25m×8　평영 킥 3번 스트로크 1번
50m×4　평영 콤비

### Cool Down (200m)

200m×1　동그라미 킥

# 06
Breaststroke

# 평영 심화 동작

원래 평영은 상하 움직임이 없이 수영을 했었지만, 1930년에 접영이 파생되어
상하 움직임(웨이브)이 빠른 스피드에 영향을 준다는 것을 알게 된 후에는 평영에도 상하 움직임이 도입되었다고 한다.
현재 기록 경기에서의 평영은 가슴을 수면 아래로 누르는 웨이브 평영을 하기 때문에 이러한 상하 움직임을 익혀야
심화 수영(경기용 수영)을 할 수가 있다. 하지만 상하 움직임을 너무 크게 해서 수면 아래로 깊게 내려가면
글라이드가 길어지기 때문에 빠르게 나아가기가 어려워지니 주의하자. 빠른 평영의 가장 중요한 핵심은
팔을 피니시하자마자 가슴을 눌러 파워풀하고 속도감 있게 상하로 움직이는 것이다.

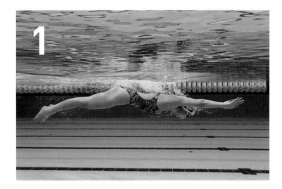

가슴을 누르면서 밖으로 젓기

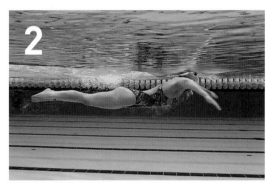

물잡기

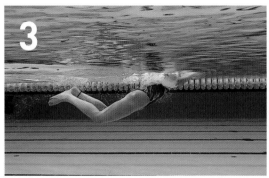

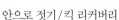
안으로 젓기 / 킥 리커버리

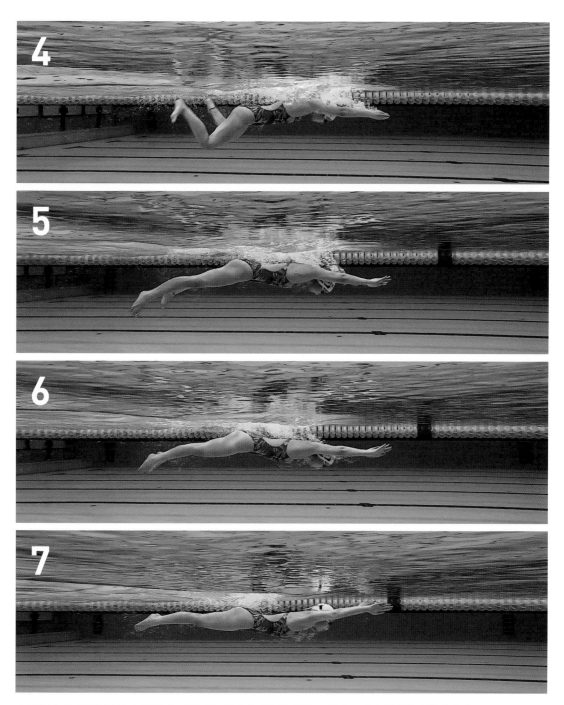

스트로크 피니시와 동시에 킥 완료. 이후에는 글라이드를 짧게 하고 곧바로 다시 ①번부터 동작 실시

 **TIP 빠른 평영을 위한 연습법**

접영 킥 한 번에 평영 풀 한 번하는 연습을 하면 빠른 평영의 감각을 익히기가 쉽다.

# PART 05

# BUTTERFLY

## · 접영 ·

접영은 1930년대 평영에서 진화하였으며, 영법 중 두 번째로 빠른 영법이다. 킥은 두 다리를 붙여서 물을 눌러 돌고래 같다고 하여 돌핀 킥이라고 불리며, 스트로크할 때 양팔이 대칭을 이루어 수면 위로 리커버리하는 모습이 날개를 활짝 편 나비 같다고 하여 버터플라이라는 이름을 가지게 되었다. 접영은 평영과 마찬가지로 정면 호흡을 하고 1스트로크에 2킥을 하면서 앞으로 나아간다. 양팔을 동시에 허벅지까지 밀어내고, 몸의 움직임이 많기 때문에 에너지 소모가 큰 영법이지만, 몸의 부력을 이해하고 타이밍에 집중하여 동작하면 효율적으로 수영할 수가 있다. 동작을 잘 배워서 파워풀하고 빠르게 나아가는 접영을 익혀보자.

# 접영 킥

접영 킥은 자유형과 마찬가지로 다운 킥과 업 킥을 연속으로 하는데, 두 다리를 교차하여 움직이지 않고 동시에 움직인다.
킥할 때 무릎을 꼭 붙이지 않아도 되지만 발끝은 팔(八)자 혹은 안짱다리처럼 모아주어야 한다.
접영은 1스트로크에 2킥으로 영법의 리듬을 만들어낸다. 킥의 형태를 확실하게 익혀서 역동적이고 매끄럽게 수영할 수 있도록 하자.

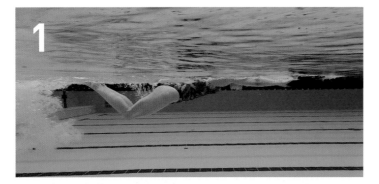

다운 킥을 강하게 하기 위해 업 킥 후에 무릎을 약간 구부린다.

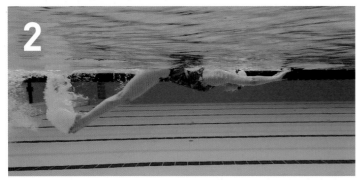

무릎을 펴면서 발등으로 힘있게 물을 눌러 다운 킥을 한다. 이때 엉덩이는 수면 위로 올라와야 한다. 발목 스냅을 이용해 끝까지 물을 밀어내자.

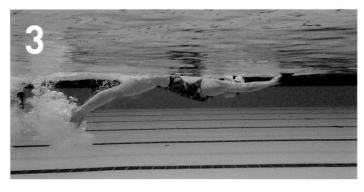

다운 킥 후에는 무릎을 편 상태로 다시 업 킥을 시작한다.

수면 위로 물을 채듯이 발목 스냅으로 마지막까지 물을 올린다. 이후에는 ①번부터 다시 동작을 실시한다.

## 킥할 때 무릎만 구부렸다 펴면 안 된다

접영 킥은 무릎만 구부렸다 펴는 것이 아니라 몸도 함께 움직여야 한다. 몸을 움직이면서 접영 킥으로 물을 눌러내면 상체는 자연스럽게 수면 아래로 내려가고 엉덩이는 수면 위로 올라가게 된다.

## 두 다리를 동시에 움직여야 한다

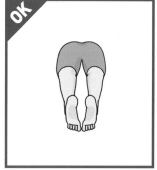

접영은 두 다리를 동시에 움직여서 물을 눌러내야 한다. 킥할 때 무릎을 꼭 붙이지 않아도 상관없지만 엄지발가락은 팔(八)자 모양으로 만들어 양쪽을 최대한 붙여주어야 한다. 만약 엄지발가락을 서로 붙이지 않으면 킥할 때 많은 물을 모아서 눌러내기가 어려워 추진력이 약해지니 주의하자.

# 접영 스트로크

접영 스트로크와 호흡은 타이밍이 중요하다. 접영도 평영과 같이 아웃 스윕이 있어
아웃 스윕-캐치-풀-피니시 순으로 스트로크가 진행된다. 호흡은 캐치 후 풀 동작에서 이루어지는데,
스트로크를 끝까지 밀어냈을 때 쇄골 혹은 턱이 수면 위로 많이 뜨는 것은 좋지 않지만, 얼굴을 들어 정면을 보고 호흡하는 것은 괜찮다.
무게감 있는 풀과 강한 출수 킥으로 얼굴이 수면 위로 뜨면 바로 호흡을 하고, 팔이 완전히 리커버리되기 전에 머리가 수면 아래로
먼저 들어가야 한다. 수면 위로 되돌아오는 리커버리는 팔꿈치를 펴고 대칭을 이루어 전방으로 가볍게 되돌려 준다.

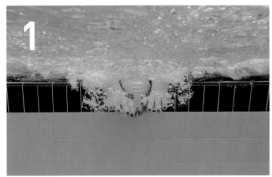 

양팔을 앞으로 편다.

가슴을 누르면서 몸의 중심에서 바깥쪽으로 팔을 젓는다(아웃 스윕). 이때 손바닥은 바깥쪽을 향하게 한다.

 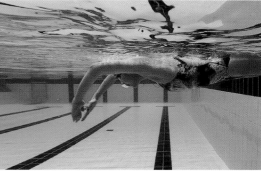

손바닥과 전완으로 물을 잡는다(캐치).

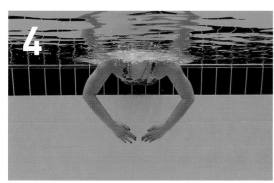 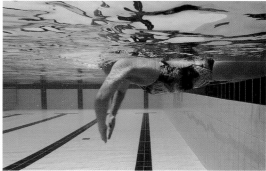

코로 호흡을 뱉으면서 앞에서 잡은 물을 밀어낸다(풀).

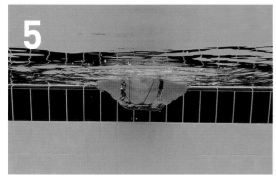 

양팔로 허벅지까지 물을 밀어 피니시하고 얼굴이 수면 위로 올라오면 입으로 호흡한다. 피니시 이후에 양팔은 곧바로 수면 위로 리커버리를 시작한다.

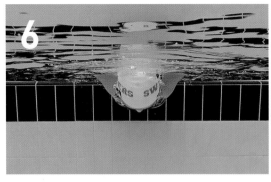

호흡 후 팔이 리커버리되기 전에 머리를 먼저 입수한다.

팔을 가볍고 빠르게 리커버리한 다음 전방으로 가능한 멀리 뻗는다.

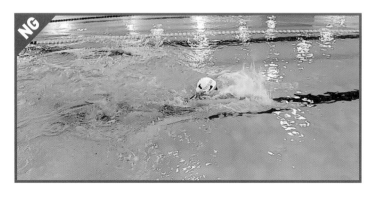

## 호흡은 리커버리보다 빨라야 한다

접영은 출수할 때 몰아서 호흡하려고 하는 경우가 많다. 하지만 이렇게 하면 영법의 흐름이 끊어지기 때문에 호흡은 풀 동작 때 내쉬고, 피니시 때 마시도록 하자. 또한 팔을 리커버리하기 전에 머리가 먼저 물속으로 들어오지 않으면 영법을 이어가기가 어려우니 주의하자.

## 손으로 리커버리 하지 않는다

리커버리를 완료할 때 손은 손등끼리 붙어있거나 손바닥이 수면을 마주보고 있어야 한다. 만약에 손바닥이 정면을 보고 있거나 머리보다 높이 올라가면 어깨가 낮아지기 때문에 만세를 하듯이 동작하게 되어 어깨에 부담을 주게 된다. 팔이 몸에서 멀어지면 되돌아오는 시간도 길어지기 때문에 양팔은 어깨 높이 정도로 들고, 손바닥이 정면을 보지 않게 해야 한다.

 **TIP** 스트로크는 양팔이 대칭을 이루면서 동작해야 한다

접영 스트로크는 대칭을 이루며 동작해야 한다. 양팔이 대칭을 이루지 않으면 몸이 기울어지거나 엇박자로 수영을 하게 되니 주의하자. 한쪽 팔이 반대쪽 팔보다 약해서 물을 끝까지 밀어내는 게 어렵다면 근력 운동이나 보조 운동으로 좌우 밸런스를 맞춰주도록 하자. 리커버리는 반원 모양을 상상하며 동작하자.

**TIP** 접영 킥과 스트로크 연속 동작

1

2

3

4

5

6

7

155

# 접영 단계별 연습

접영은 킥과 스트로크뿐만 아니라 몸이 가라앉고 뜨는 원리를 이해하고 연습해야 한다.
부력을 이해하고 킥과 스트로크를 연결하면 접영을 좀 더 편하게 할 수 있고 역동적인 퍼포먼스도 할 수가 있다.
먼저 킥을 하면서 몸이 뜨고 가라앉는 감각을 익혀보고 이후에는 킥 리듬에 맞춰 호흡과 스트로크 타이밍을 맞춰보자.

## ❶ 한 발 접영 킥

접영 킥은 자유형과 흡사하지만, 그보다 조금 더 자유로운 형태로 킥을 하게 된다. 한 발 접영 킥은 한쪽 발로 자유형하듯이 킥을 하며
앞으로 나아가는 연습이다. 킥할 때 몸을 고정시키지 말고, 상하로 자연스럽게 움직이면서 연결해보자. 이렇게 몸을 상하로 움직여주면
보다 힘있는 킥을 할 수 있다. 호흡은 스노클을 이용하거나 참았다가 일어서서 호흡하는 방식으로 진행한다. 일반적으로 접영 킥 연습을 할
때는 3~5번 킥을 하고 멈추는 것을 권한다. 처음부터 호흡을 연결시키면 목적지에 도달하려고 하여 동작에 소홀해지기 때문이다. 킥이 조금
익숙해지면 양발을 번갈아가며 좀 더 힘있게 킥을 해보자.

### 한 발 접영 킥 1단계(오른발 또는 왼발로만 킥하기)
**목적** 접영 킥 감각 익히기 | 킥할 때 몸이 움직이는 감각 익히기

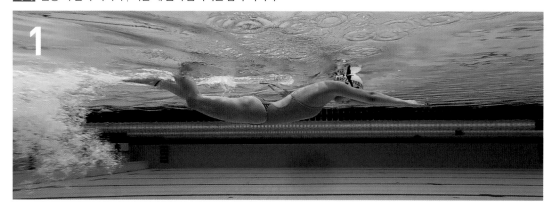

양팔을 앞으로 뻗고 수면 위로 뜬 다음, 골반을 누름과 동시에 오른발로 킥을 찰 준비를 한다. 왼발은 편하게 둔다.

오른발로 다운 킥을 준비하기 위해 자연스럽게 무릎을 구부린다.

오른쪽 무릎을 펴면서 다운 킥을 하고 몸도 자연스럽게 같이 움직여준다. 이렇게 하면 자유형과는 다르게 엉덩이가 수면 위로 살짝 뜨게 된다.

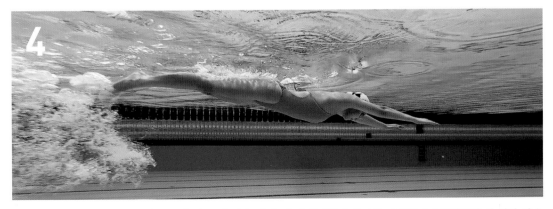

다음 킥을 위해 다리를 곧게 펴고 수면 위로 업 킥을 한다. 다시 ②번부터 동작을 시작하여 오른발로만 업 킥과 다운 킥을 반복한다. 수영장 끝에 도착하면 발을 바꿔서 연습해보자.

### 한 발 접영 킥 2단계(양쪽 발 번갈아가며 킥하기)

**목적** 킥을 좀 더 세게 차면서 몸의 움직임과 속도감 익히기

수면 위로 뜬 다음 골반을 누르면서 오른발로 다운 킥을 준비한다.

오른발로 다운 킥을 하면서 몸의 중심을 앞으로 이동시킨다.

골반을 누르고 오른발을 수면 위로 올리면서 왼발로 다운 킥을 준비한다.

왼발로 다운 킥을 하면서 몸의 중심을 앞으로 이동시킨다.

 **TIP** 접영 킥 2단계의 포인트

접영 킥 1단계를 연습하다 보면 엉덩이가 살짝 뜨는 것이 느껴질 것이다. 접영 킥 2단계에서는 킥을 누를 때마다 가슴을 같이 눌러 엉덩이가 수면 위로 좀 더 올라갈 수 있게 해보자. 팔은 머리 위로 뻗어도 되고, 차려 자세로 해도 좋다. 부드러운 리본이 살랑살랑 움직이는 것을 상상하며 연습해보자.

## ☑ 양발 접영 킥

한 발 접영 킥이 익숙해졌다면 킥할 때 몸의 움직임에 대해서 어느 정도 이해했을 것이다. 이번에는 두 다리를 모아서 같이 움직여보자. 팔은 머리 위로 뻗어도 좋고, 차려 자세로 해도 좋으니 기호에 맞게 연습하자. 이 연습은 한 발로 하는 것보다 좀 더 빠르게 앞으로 나아가는 느낌을 익힐 수가 있다. 연습할 때는 스노클을 이용하거나 무리하지 않게 호흡을 참았다가 일어서는 방식으로 진행한다. 힘있는 다운 킥을 하기 위해서는 다운 킥 직전에 무릎을 살짝 구부려야 한다. 동작 시 양발끝이 떨어지지 않게 유의하고, 채찍처럼 유연하게 움직이도록 하자.

### 팔을 머리 위로 뻗고 양발 접영 킥
목적 양발로 눌렀을 때 추진력 느끼기

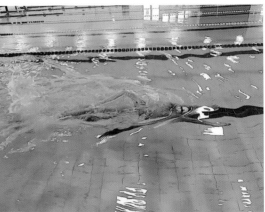

두 다리로 강하게 물을 눌러내면서 가슴을 누르면 자연스럽게 엉덩이가 수면 위로 올라온다.

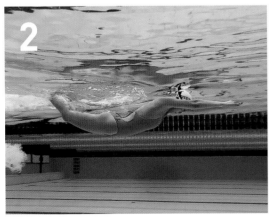
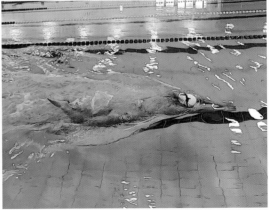

다운 킥 후에는 수면 위로 올라간 엉덩이를 다시 가라앉히는 느낌으로 골반을 내려준다. 이렇게 하면 다리가 자연스럽게 골반보다 위로 올라가기 때문에 다음 다운 킥 때 좀 더 강하게 물을 눌러낼 수가 있다.

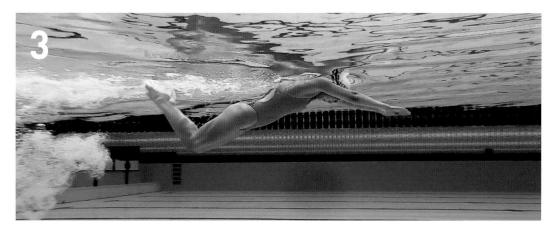

힘있게 물을 눌러내기 위해 무릎을 약간 구부린다.

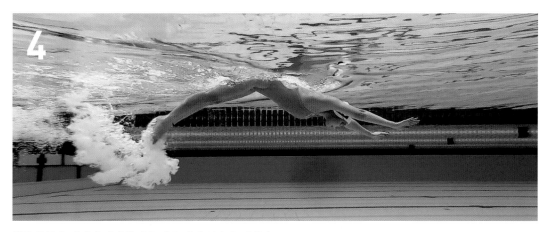

양쪽 무릎을 펴면서 강하게 다운 킥을 하여 물을 눌러낸다.

## 차려 자세로 양발 접영 킥
**목적** 양발로 눌렀을 때 추진력 느끼기

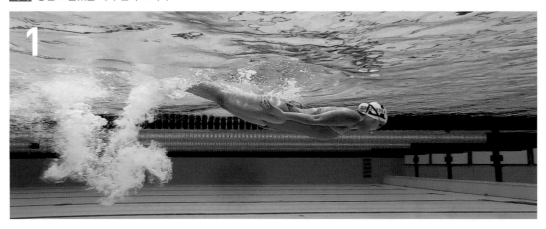

차려 자세로 뜬다.

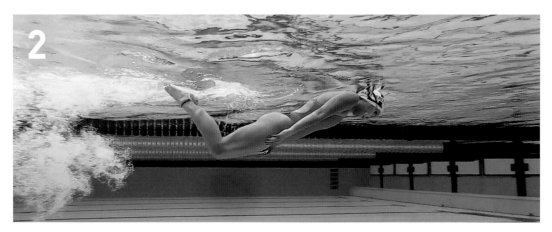

골반을 수면 아래로 누르면서 무릎을 자연스럽게 구부려 강하게 다운 킥할 준비를 한다.

무릎을 펴면서 강하게 물을 눌러낸다. 이때 가슴도 함께 눌러 엉덩이가 수면 위로 자연스럽게 올라오도록 한다.

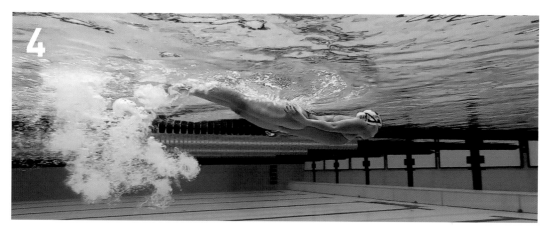

제자리로 돌아오고 다시 ②번부터 동작을 실시한다.

**몸이 계속 수면 아래로
내려가지 않게 주의하자**

차려 자세로 연습하다 보면 머리가 수면 아래쪽으로 향해있기 때문에 몸이 계속 아래로 내려가는 경우가 있다. 다운 킥할 때 수면 위로 엉덩이가 올라올 수 있도록 상하 폭을 맞춰서 연습해보자.

 **TIP** 유연성이 부족하다면 머리를 같이 움직이면서 동작해보자

유연성이 부족해서 가슴이 잘 눌러지지 않는다면 처음에는 머리를 같이 움직여도 좋다. 다만, 어느 정도 실력이 향상되면 머리를 고정시키고 몸만 움직이도록 하자.

## ③ 접영 킥 연습

접영 킥은 연속성있게 동작이 이루어져야 하는데 머리 숙이고 접영 킥을 할 때는 호흡 시에 킥이 끊어지는 현상이 만들어진다. 그럴 때는 머리 숙였을 때 입수 킥, 머리 들어 호흡할 때 출수 킥이라는 것을 인지하고 연습해보자. 이렇게 하면 호흡 시에도 연결이 끊기지 않게 킥 연습을 할 수 있으며 콤비 수영 시 출수 킥과 동시에 호흡하는 타이밍도 익힐 수 있다. 먼저 킥판잡고 머리 숙이고 접영 킥 연습으로 킥 동작과 함께 호흡하는 타이밍을 익혀보고 동작이 익숙해지면 킥판잡고 머리 들고 접영 킥을 통해서 좀 더 연속성있게 킥을 강화시켜 보자. 킥이 익숙해지면 입수 킥 세 번에 출수 킥 한 번하는 등의 방식으로 킥의 연속성과 출수 타이밍을 익혀보자.

### 킥판잡고 머리 숙이고 접영 킥
**목적** 입수 킥과 출수 킥 익히기 | 입수 킥할 때 가슴을 누르는 감각 익히기

두 다리로 강하게 물을 눌러내면서 가슴도 자연스럽게 눌러 엉덩이가 수면 위로 올라오게 한다(입수 킥의 다운 킥).

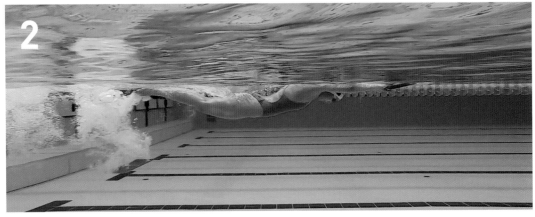

수면 위로 올라간 엉덩이를 다시 가라앉히는 느낌으로 골반을 내리면 다리가 자연스럽게 올라간다. 이때 발바닥으로 물을 올려준다(입수 킥의 업 킥).

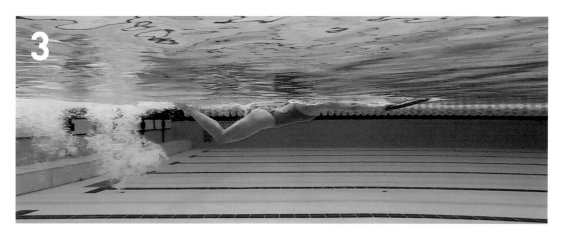

힘있게 물을 눌러내기 위해 무릎을 약간 구부리고 코로 숨을 뱉으면서 머리를 들어준다(출수 킥의 다운 킥 준비).

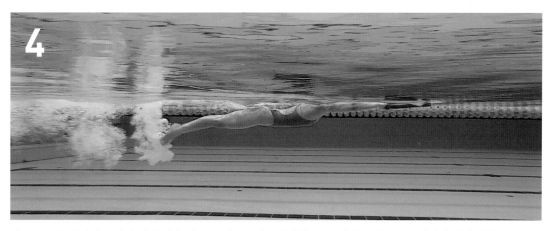

양쪽 무릎을 펴면서 강하게 다운 킥을 하고 고개를 들어 호흡한다. 호흡 후에는 추진이 끊어지지 않게 머리는 곧바로 물속으로 들어오고 ①번 동작처럼 두 다리와 가슴을 눌러주어 엉덩이가 수면 위로 뜨게 하자. 이후에는 다시 ②번부터 동작을 실시한다.

## 킥판잡고 머리 들고 접영 킥

**목적** 입수 킥과 출수 킥 익히기 | 입수 킥할 때 가슴을 누르는 감각 익히기

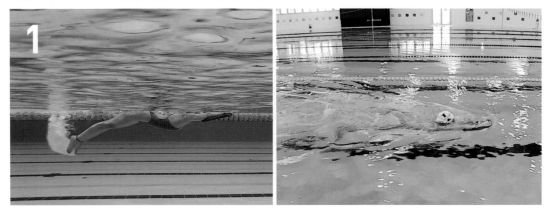

고개를 수면 위로 들고 두 다리로 강하게 물을 눌러내면서 가슴을 눌러준다. 이렇게 하면 자연스럽게 엉덩이가 수면 위로 올라온다.

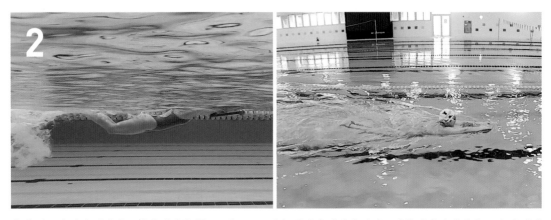

수면 위로 올라간 엉덩이를 다시 가라앉히는 느낌으로 골반을 내리면 다리가 자연스럽게 따라 올라간다. 몸을 유연하게 움직여주자.

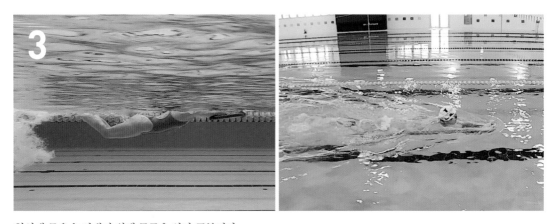

힘있게 물을 눌러내기 위해 무릎을 약간 구부린다.

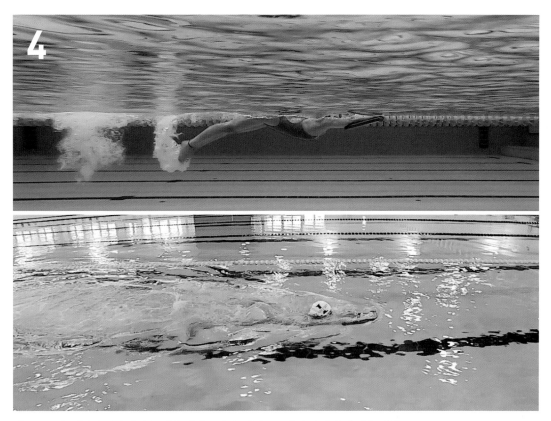

양쪽 무릎을 펴면서 강하게 다운 킥을 하여 물을 눌러내고 호흡과 동시에 업 킥을 한다.

 **TIP  입수 킥을 하면서 가슴을 누르기가 어렵다면 킥판 아래쪽을 잡고 동작해보자**

머리 들고 하는 접영 킥 연습은 머리 숙이고 하는 접영 킥처럼 호흡할 때 킥이 끊기는 부분은 적을 수 있으나 ①번 사진에서 보여지는 것처럼 입수 킥과 동시에 가슴을 눌러야 하기 때문에 유연성이 부족한 사람은 동작이 어려울 수가 있다. 심지어 지금처럼 킥판에 팔이 전체적으로 올라가게 되면 킥판 자체의 부력이 매우 크기 때문에 가슴을 누르기가 어렵다. 이 경우에는 킥판 아래쪽을 잡으면 좀 더 수월하게 가슴을 누를 수 있으니 참고하자.

## 4 점프 스트로크

점프 스트로크는 제자리에서 점프하면서 접영 스트로크와 킥의 타이밍을 익힐 수 있는 연습이다. 점프는 두 번이 한 세트이며, 두 번째 점프는 첫 번째보다 좀 더 높게 뛴다.

**목적** 입수와 출수 타이밍 익히기 | 호흡 타이밍과 피니시 감각 익히기

무릎을 구부렸다가 펴면서 가볍게 점프를 한다. 지금 뛰는 점프는 실제 영법을 할 때 입수 킥에 해당한다.

두 번째 점프는 첫 번째보다 좀 더 높게 점프하면서 팔을 허벅지까지 세게 밀어낸다(출수 킥&스트로크 피니시). 물을 밀 때 상체가 앞으로 쏠리지 않게 코어에 힘을 주자.

다리가 땅에 닿기 전에 양팔을 수면 위로 되돌려 처음 자세로 돌아온다. 팔이 수면 위에서 되돌아올 때는 팔꿈치가 구부러지지 않아야 한다(스트로크 리커버리).

 **TIP** **점프하면서 스트로크 타이밍을 잘 익혀보자**

초보자는 두 번째 높은 점프에 팔을 되돌리는 것이 어려울 수 있으니 먼저 제자리에서 점프를 반복하며 스트로크 타이밍을 익혀보자. 동작은 제자리에서 해도 좋고 앞으로 나아가면서 해도 좋다. 재미있는 놀이 형식이지만 팔을 허벅지까지 세게 밀어내는 것을 반복하기 때문에 묵직한 저항이 팔에 느껴질 것이다.

## 5 웨이브 놀이

두 다리를 눌러 앞으로 추진하는 접영 킥을 충분히 연습했다면 접영 킥을 통해 웨이브 놀이를 해보자. 이 놀이는 킥의 강도와 추진력을 느낄 수 있고 몸이 떠오르는 타이밍을 익힐 수 있다.

**목적** 킥 강화 | 입수하고 뜨는 동작 익히기

수면 아래에 오리발, 스윔토이, 동전 등 가라앉는 물건을 놓고 접영 입수 킥을 강하게 하여 수면 아래로 내려간다.

가라앉아 있는 물건을 가지고 나온다.

## 시선은 잡아야 할 물체에 두자

손끝과 머리의 방향은 추진력을 받았을 때 앞으로 나아가는 방향이 된다. 시선이 전방을 주시하면 킥이 아무리 좋아도 물속으로 들어가기가 어렵기 때문에 시선은 잡아야 할 물체나 발끝을 보도록 하자.

## 🔢 접영 3단계 웨이브 연습

접영 3단계 웨이브 연습은 웨이브 놀이와 같이 킥과 풀 타이밍을 익힐 수 있는 연습이다. 총 3단계로 이루어져 있고 잘 익히면 접영 콤비를 하는데 어려움이 없을 것이다. 정확하고 좋은 타이밍을 익힐 수 있도록 차근차근 연습해보자.

### 웨이브 1단계
**목적** 입수 – 글라이드 – 출수로 이어지는 감각 익히기

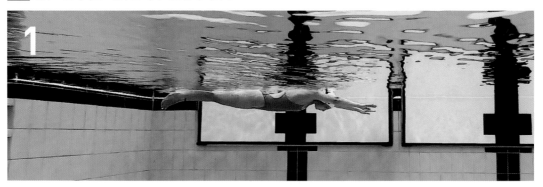

제자리에서 스트림라인을 잡고 뜬다. 이때 벽이나 바닥을 밀면서 뜨지 말고, 제자리에서 뜨도록 하자.

입수 킥을 강하게 눌러 수면 아래로 내려간다. 웨이브 1단계의 핵심은 입수 킥으로 얼만큼의 추진을 낼 수 있는가이다. 강하게 두 다리로 입수 킥을 눌러내어 추진을 내자.

172

골반을 내리면서 물속을 미끄러지듯이 나아간다. 몸을 유연하게 움직여주고 손끝과 발끝은 최대한 멀리 뻗어준다.

추진이 감소하거나 손끝 또는 상체가 수면 위로 뜨면 제자리에 멈추고, 다시 ①번부터 동작을 실시한다.

웨이브 1단계에서 중요한 것은 입수 킥을 강하게 눌러 추진력을 만들어내는 것이다. 처음 출발할 때 벽이나 바닥을 밀면서 입수하게 되면 이를 밀어낸 추진력으로 글라이드가 되기 때문에 양발로 접영 킥을 차서 만들어낸 추진력을 느끼기가 어렵다. 따라서 제자리에 떠서 밸런스를 잡고 준비가 되었을 때 양발로 물을 강하게 눌러 추진력을 받아 글라이드해보자.

몸에 힘이 많이 들어가면 수면 위로 뜨는 것이 쉽지 않다. 이 경우에는 손끝을 수면 위로 올려주고, 시선은 손끝을 바라보자. 이렇게 하면 사진과 같이 골반이 아래로 내려가서 몸이 바나나처럼 휘어지기 때문에 수면 위로 올라오기가 수월할 것이다.

## 웨이브 2단계

제자리에서 스트림라인을 잡고 뜬 다음 입수 킥을 강하게 눌러 수면 아래로 내려간다.

골반을 내려 물속을 미끄러지듯이 나아가다가 손끝이 수면에 가까워지면 팔꿈치를 세워 물잡기 자세를 만들어준다. 이때 두 다리는 무릎을 구부려 출수 킥을 눌러낼 준비를 한다.

양팔로 물을 허벅지까지 밀어내면서 출수 킥을 하여 수면 위로 올라가 호흡한다. 호흡 후에는 곧바로 물속으로 들어와 스트림라인을 취하고 추진을 느끼면서 나아간다.

 **TIP   웨이브 2단계에서는 풀과 피니시 타이밍을 익혀보자**

웨이브 1단계를 반복하다 보면 입수 킥 이후에 손끝이 수면과 가까워질 때 속력이 감소하는 것을 느낄 수 있을 것이다. 그때 앞으로 뻗은 양팔의 팔꿈치를 세워 발끝 쪽으로 세게 밀어냄과 동시에 두 번째 출수 킥 타이밍을 익히는 것이 2단계 웨이브 연습의 포인트이다. 출수할 때 자세는 전방으로 향해야 스피드감 있게 나올 수 있다.

## 웨이브 3단계

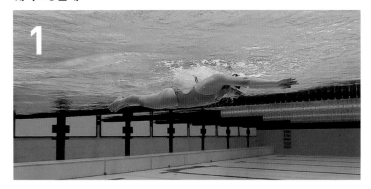

제자리에서 스트림라인을 잡고 수면 위로 뜬다.

입수 킥을 강하게 눌러 수면 아래로 추진한다.

골반을 아래로 누름과 동시에 양팔은 팔꿈치를 세워 풀 동작을, 두 다리는 무릎을 구부려 출수 킥을 준비한다.

출수 킥에 맞춰 양팔로 풀&피니시를 강하게 한 다음 물밖으로 리커버리한다. 얼굴이 수면 위로 떠오르면 재빠르게 호흡하자.

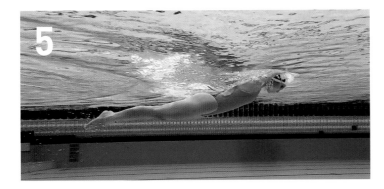

리커버리한 양팔이 되돌아오기 전에 얼굴을 먼저 물속으로 넣는다.

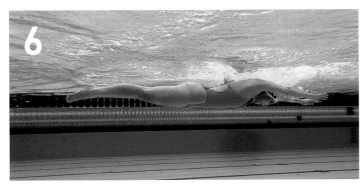

팔까지 다 들어오면 스트림라인을 유지하면서 앞으로 나아가고 다시 ①번부터 동작을 실시한다. 1, 2단계 웨이브와는 다르게 호흡 후에 다시 편한 스트림라인이 만들어지기 때문에 동작을 반복하는 것이 좀 더 수월할 것이다.

 **TIP  웨이브 3단계 포인트**

웨이브 3단계는 웨이브 2단계 동작에서 리커버리를 연결시킨 것으로, 앞서 연습했던 웨이브 2단계와 점프 스트로크를 접목시킨 동작이다. 점프 스트로크를 연습할 때 두 번째 높은 점프(출수 킥)에 맞춰 팔을 리커버리한 것처럼 동작을 연결해보자. 웨이브 3단계와 접영 콤비의 다른 점은 바로 다음 동작을 이어서 하는 것이 아니라 일정 시간 동안 스트림라인을 유지해야 한다는 점이다. 처음에는 동작을 익히는 것이 중요하기 때문에 동작을 크게 하는 것이 좋다. 연습을 통해 다음 연결 동작으로 빠르게 넘어갈 수 있도록 해보자.

 **TIP  풀 동작은 허벅지에서 마무리되어야 한다**

풀 동작은 허벅지에서 마무리되어야 한다. 허벅지 이상 즉, 수면 위로 팔을 너무 세게 밀어내면 출수하는 타이밍에 상체가 앞으로 숙여지기 때문에 호흡이 어려워질 수가 있다. 팔은 수면 위로 너무 많이 올라오지 않도록 허벅지까지만 세게 밀어주자.

# ⑦ 한 팔 접영

접영은 양손으로 하는 영법으로 운동량이 크기 때문에 오랫동안 하기에는 체력적으로 힘이 든다. 여기에서 배우는 한 팔 접영은 체력적으로 조금 수월하게 스트로크 타이밍과 리듬을 익힐 수 있는 연습이다. 호흡은 자유형처럼 측면으로 해도 좋고, 정면으로 해도 좋다. 접영이 처음이라면 자유형 호흡과 비슷한 측면으로 호흡하여 상체가 완만하게 나오는 연습을 하는 것이 좋다. 처음부터 정면 호흡을 하게 되면 상체가 수직으로 들리거나 허리가 과하게 젖혀져 부담이 갈 수 있으니 주의하자.

25m, 50m 거리를 정해서 편한 쪽으로 호흡하거나 스트로크 개수를 정해두고 왼쪽, 오른쪽으로 번갈아 호흡하면서 연습해보자.

**목적** 접영 킥과 스트로크 타이밍 익히기

입수 킥을 하면서 수면 아래로 완만하게 글라이드하고 아웃 스윕을 한다.

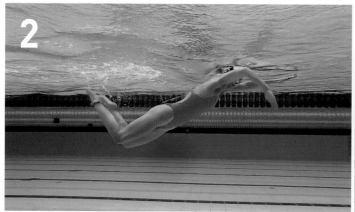 

몸이 뜨는 타이밍에 맞춰 오른팔은 팔꿈치를 구부려 캐치 동작을, 두 다리는 무릎을 구부려 출수 킥을 준비한다.

오른팔을 허벅지까지 강하게 밀어내면서 출수 킥을 하고, 머리가 수면 위로 떠오르면 자유형처럼 측면 호흡을 한다.

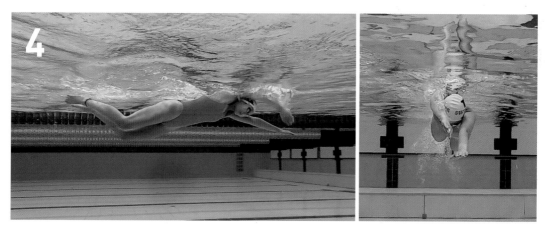

오른팔이 입수되기 전에 얼굴을 먼저 입수하고, 무릎을 구부려 입수 킥을 준비한다.

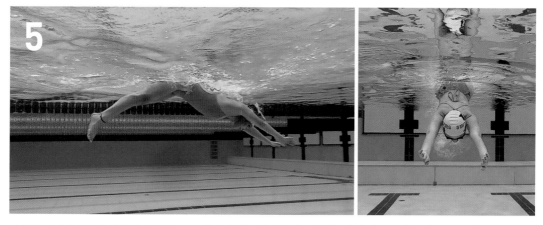

오른팔 리커버리와 함께 입수 킥을 누르고 수면 아래로 완만하게 글라이드하며 아웃 스윕을 한다. 이후에는 ②번부터 동작을 실시하고 정해놓은 거리만큼 나아가면 팔을 바꿔서 동작해본다.

## 8 1-1-1 접영

1-1-1 접영은 왼팔 한 번, 오른팔 한 번, 양팔 한 번 스트로크를 번갈아 하는 연습으로 한 팔 접영에서 접영 콤비로 쉽게 넘어갈 수 있는 연습이다. 스트로크는 개인에 맞게 3-3-3 혹은 5-5-1 등으로 설정할 수 있다. 비교적 수월한 한 팔 접영 사이에 양팔 접영이 한 번씩 나오기 때문에 한 팔 접영에서 익혔던 좋은 타이밍을 양팔로 이어갈 수 있다.

**목적** 지속적인 스트로크 익히기

한 팔 접영을 하듯이 동작하면서 오른쪽 측면 호흡으로 출수한다.

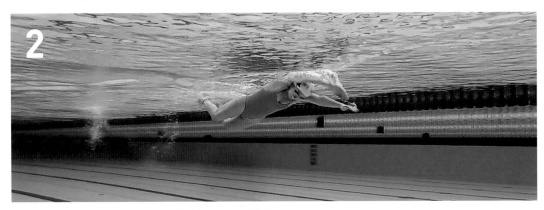

오른팔 리커버리 후 손끝 입수와 함께 입수 킥을 준비한다.

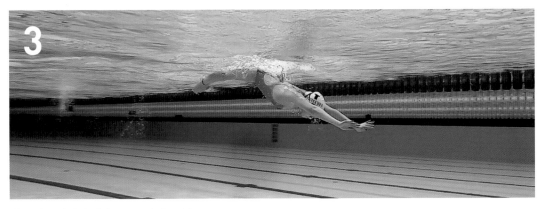

입수 킥을 하면서 전방으로 글라이드한다.

한 팔 접영을 하듯이 왼팔 캐치 후 풀과 출수 킥을 준비한다.

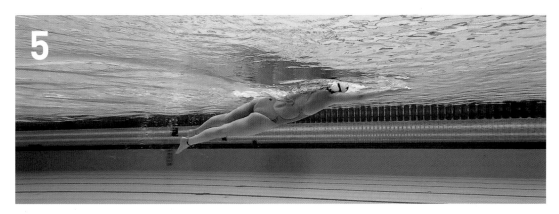

풀&피니시로 물을 밀어내면서 강한 출수 킥과 함께 왼쪽으로 호흡한다.

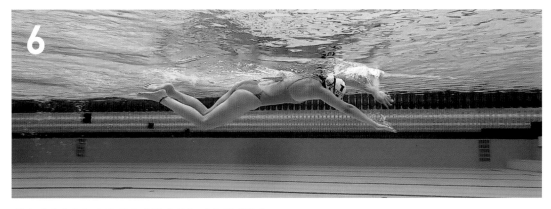

왼팔 리커버리 후 손끝 입수와 함께 입수 킥을 준비한다.

입수 킥을 하면서 전방으로 글라이드하고 골반을 눌러 다리가 위로 올라가게 한다.

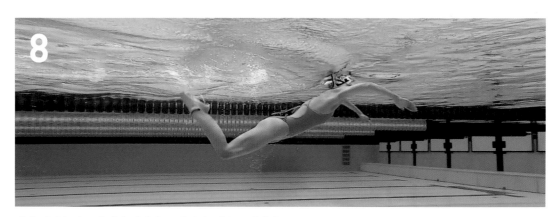

양팔 접영을 하듯이 양팔 캐치 후 풀과 출수 킥을 준비한다.

풀&피니시로 물을 강하게 밀어내면서 출수 킥을 하여 전방으로 출수하고 호흡한다.

양팔 리커버리 시작과 동시에 얼굴 먼저 입수한다.

양팔을 리커버리하면서 무릎을 구부려 입수 킥을 눌러낼 준비를 한다.

강한 입수 킥으로 물을 눌러 전방으로 미끄러지듯이 글라이드하고, 다시 오른팔로 스트로크를 시작한다.

# 04
Butterfly

# 접영 콤비

앞에서 배운 동작을 조합하여 접영을 완성해보자. 우리가 접영을 연습할 때는 수면 아래에서 앞으로 뻗는
글라이드가 길지만, 심화 혹은 경기 수영에서는 앞으로 뻗는 글라이드 시간이 줄어들고 스트로크 연결 속도가 훨씬 더 빠르다.
심화 접영을 하기 위해 부담없이 연습할 수 있는 기초 접영의 형태를 완성해보자.

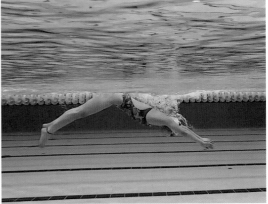

양팔 리커버리 후 입수 킥과 동시에 수면 아래로 글라이드

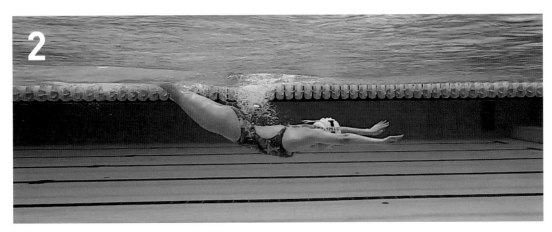

양팔 바깥쪽으로 저으면서 전방 물잡기(Catch) 준비

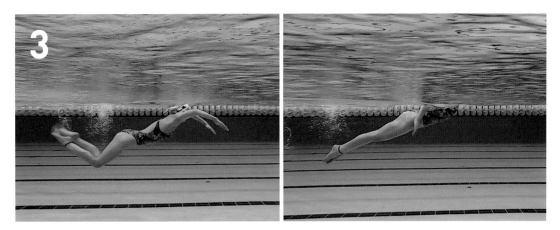

캐치-풀-피니시를 하면서 출수 킥으로 빠르게 출수하고 호흡

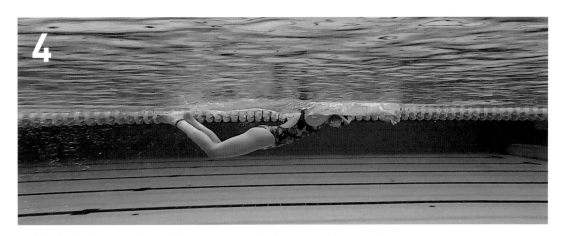

수면 위로 리커버리한 팔이 입수되기 전에 얼굴 먼저 입수, 다시 ①번 동작부터 실시

 **TIP  출수 킥만큼 입수 킥도 중요하다**

많은 사람들이 수면 위로 올라오는 출수 킥에 큰 비중을 두고 접영을 한다. 하지만 입수 킥을 제대로 차야 출수할 수 있다는 것을 기억해야 한다. 평영과 접영은 상하로 움직이면서 정면 호흡을 하기 때문에 수면 위에서 호흡한 뒤 물속으로 넘어가는 동작이 늦으면 저항을 온전히 받게 된다. 이 저항을 줄이기 위해서는 리커버리와 동시에 입수 킥을 강하게 눌러내야 한다.

 **TIP  엉덩이는 한 번만 올라와야 한다**

접영은 입수 킥 때 가슴을 누르면 자연스럽게 엉덩이가 올라오지만, 출수는 가슴이 쭉 펴지면서 나오는 동작이기 때문에 엉덩이가 올라오지 않는다. 만약 출수 동작에서도 엉덩이가 올라온다면 수면 아래로 가슴을 누르기 때문인데, 이는 호흡을 어렵게 하므로 주의해야 한다.

# 접영 훈련일지

심화 수영으로 넘어가기 전에 몇 가지 훈련 예시를 소개한다.
훈련은 총 4가지 코스로 점점 어려워지는 형식이다. 여기에 적힌 순서대로 훈련을 해도 좋고,
이를 참고해서 자신만의 방식으로 훈련해도 좋다.

## 접영 훈련 1 　**목적** 접영 킥 익히기

### Warm Up (400m)

400m×1　자유 수영

### Main (1200m)

50m×6　한 발 자유형 킥 (오리발) 홀 | 짝
50m×2　접영 킥
50m×6　한 발 자유형 킥 (오리발) 1회씩 교차
50m×2　접영 킥
50m×3　킥판잡고 접영 킥
50m×1　자유형
50m×3　킥판잡고 접영 킥
50m×1　배영

### Cool Down (200m)

200m×1 자유형 사이드 킥 | 배영 사이드 킥

## 접영 훈련 2 　**목적** 접영 웨이브 , 접영 킥 타이밍 익히기

### Warm Up (400m)

200m×1　스노클 스컬 킥
200m×1　콤비 수영 (종목 선택)

### Main (1300m)

50m×6　접영 사이드 킥
50m×3　킥판잡고 접영 킥
25m×8　1번 웨이브
50m×3　킥판잡고 접영 킥
25m×8　2번 웨이브
50m×3　킥판잡고 접영 킥
25m×6　3번 웨이브

### Cool Down (200m)

200m×1 접영 킥 (오리발)

## 접영 훈련 3    목적 접영 스트로크, 킥, 스트로크 타이밍 익히기

### Warm Up (400m)
200m×1   스노클 스컬 킥
200m×1   콤비 수영 (종목 선택)

### Main (1400m)
200m×2 사이드 | 백 돌핀 | 사이드 | 프론트
점프 스트로크 20회
50m×6 한 손 접영 (좌)
점프 스트로크 20회
50m×6 한 손 접영 (우)
50m×8 1/1/1 접영 (오리발)

### Cool Down (200m)
200m×1   자유 수영


## 접영 훈련 4    목적 접영 콤비 타이밍 익히기

### Warm Up (400m)
200m×1   스노클 스컬 킥
200m×1   콤비 수영 (종목 선택)

### Main (1050m)
50m×4    3/3/1 접영 (오리발)
25m×4    홀 자유형 짝 접영
50m×4    2/2/2 접영 (오리발)
25m×4    홀 자유형 짝 접영
50m×4    1/1/3 접영 (오리발)
25m×4    홀 자유형 짝 접영
50m×1    휴식 수영
25m×4    접영 콤비

### Cool Down (200m)
200m×1   양팔 배영

# 06
Butterfly

# 접영 심화 동작

접영 심화 동작은 빠르게 하는 경기용 접영을 말한다. 경기용 접영은 리커버리 후 수면 아래에서
손을 앞으로 뻗고 나아가는 글라이드 동작이 없고, 팔 입수와 동시에 가슴을 누르고 바로 물잡기 자세가 시작된다.
또한 입수, 출수 킥의 경계 없이 1스트로크에 2킥이 연속으로 연결되어야 한다. 물을 잡아오는 포인트가 높고,
당겨오는 포인트도 높기 때문에 근력이 약하면 어깨에 무리가 갈 수 있으니 근력이 어느 정도 잡히고 난 후에 하도록 하자.

리커버리 후 입수 킥과 가슴 누르기

전방 물잡기

풀 동작과 함께 출수 킥 준비

피니시와 출수 킥 완료(사진에서는 고개를 숙이고 있지만, 원래 호흡해야 하는 타이밍이다.)

수면 위로 리커버리하면서 입수 킥 준비

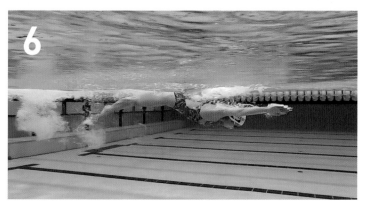

리커버리 후 입수 킥과 가슴 누르기

# PART 06
# SWIMMING SKILL

## · 수영 스킬 ·

스킬 파트에서는 스타트와 각 영법의 턴 동작에 대해 알아보고, 스컬링을 강화하는 연습을 해보겠다. 수영은 영법을 잘 하는 것도 중요하지만, 스타트와 턴 동작을 익히면 좀 더 매끄럽고 멋진 수영을 할 수가 있다. 자세와 동작이 쉽지 않기 때문에 어느 정도 영법이 익숙한 중급자 이상부터 연습하기를 추천한다.

# 01

Swimming skill

# 스타트 감각 연습

시합에서 좋은 기록을 내려면 턴 동작을 매끄럽게 해서 스피드가 떨어지지 않게 해야 한다.
여기에서는 스타트 동작과 턴 동작에 대해 배워볼 것이다. 먼저 수면 위와 수면 아래에서 출발하는 연습을 해보자.
이 연습은 스타트 동작과 턴 동작을 할때 앞으로 나아가는 감각을 익힐 수 있다.
동작을 배우는데 가장 기초에 해당하는 부분이니 잘 익혀보자.

## 1 수면 위에서 출발하기

벽을 차고 앞으로 나아가는 감각을 익히는 연습이다. 앞으로 나아갈 때는 추진을 이어갈 수 있도록 킥을 먼저 시작한 다음 스트로크를
연결하자.

**목적** 수면 위에서 출발하는 감각 익히기

양팔과 어깨를 수면 위에 둔 상태에서 한쪽 다리는 바닥을 지지하고, 반대쪽 다리는 구부려서 발바닥을 벽에 댄다.

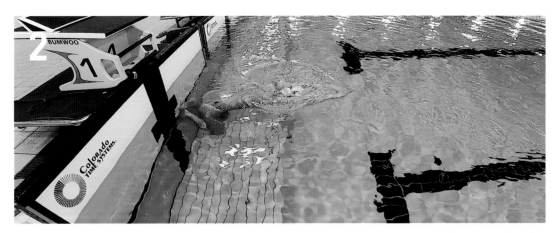

입으로 숨을 들이마시고 얼굴을 물속에 넣는다. 바닥을 지지하던 다리는 살짝 점프하여 벽에 대고 있는 다리 옆에 둔다.

두 다리로 벽을 강하게 민 다음 스트림라인을 만들어 앞으로 나아간다. 이때 곧바로 스트로크를 시작하기보다 추진을 이어갈 수 있도록 킥을 먼저 시작한 다음 스트로크를 연결시키자.

## 2 수면 아래에서 출발하기

수면 아래에서 출발하는 연습이다. 수면 아래로 내려가면 몸이 떠오르기 때문에 곧바로 자세를 잡기가 어려울 수 있다. 이 경우에는 양팔을
수면 위로 저어 몸을 가라앉게 한 뒤, 스트림라인 형태를 잡고 벽을 밀어 출발한다.

**목적** 수면 아래에서 출발하는 감각 익히기

양팔을 수면 아래에 두고 한쪽 다리는 바닥에, 반대쪽 다리는 무릎을 구부려서 벽에 댄다. 그다음 바닥을 지지하는 발
로 살짝 점프를 하면서 몸을 앞으로 숙인다.

몸을 앞으로 숙이면서 두 발을 벽에 붙인다. 이때 벽에서 발이 떨어지지 않도록 주의하자.

몸이 수면 위로 떠오르려고 하면 양손을 수면 위로 저어 몸을 아래로 내려준다.

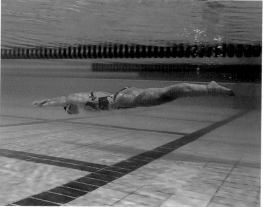

상체는 스트림라인 형태를 잡고 두 발로 벽을 차면서 출발한다. 앞으로 나아가다가 몸이 떠오르면 곧바로 스트로크를 시작하기보다 추진을 이어갈 수 있도록 킥을 먼저 시작한 뒤 스트로크를 연결시키자.

 **TIP** **물속에서 팔로 물을 밀어냈을 때 몸이 어디로 움직이는 지 확인하자**

물을 밀어냈을 때 몸이 어느 방향으로 움직이는지 확인해보자. 오른쪽으로 물을 밀면 몸은 왼쪽으로, 왼쪽으로 물을 밀면 몸은 오른쪽으로, 아래로 물을 밀면 몸은 위쪽으로, 위로 물을 밀면 몸은 아래쪽으로 내려가게 된다. 이 원리를 먼저 이해한 뒤 물속으로 출발하기를 익혀보자.

## 3 측면으로 출발하기

수면 위와 아래에서 출발하기 연습이 익숙해지면 측면으로 출발하기를 연습해보자. 이는 물속에서 출발하는 가장 **빠른** 방법으로 사이드 턴과 자세가 매우 비슷하여 후에 턴 동작을 익힐 때 도움이 된다.

**목적** 사이드 자세로 출발하는 감각 익히기

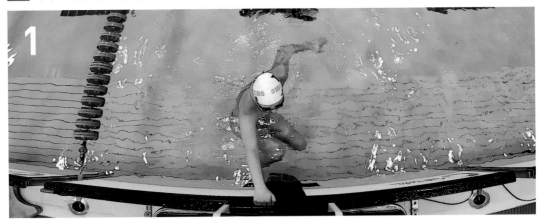

오른팔로 벽을 잡고, 몸을 자연스럽게 옆으로 틀면서 양쪽 발바닥을 벽에 붙인다. 왼팔은 수면 아래에 두자.

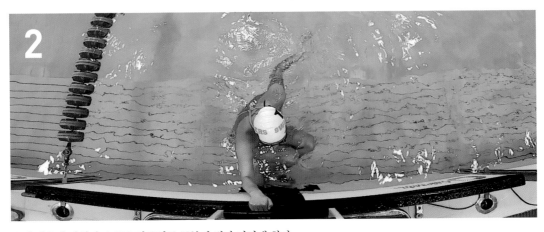

준비 신호에 맞춰서 오른쪽 팔꿈치를 구부려 벽과 가깝게 한다.

출발 신호에 맞춰 양쪽 발로 벽을 밀어내면서 재빠르게 측면으로 출발한다. 이때 다리를 펴면서 양손도 머리 위로 뻗어 스트림라인을 만들어주어야 한다.

출발할 때는 측면 스트림라인 형태로 나아가다가 정면으로 자세를 바꿔준다. 이때 머리가 들리면 스트림라인이 깨져서 저항을 크게 받기 때문에 팔꿈치로 머리를 감싸면서 수면 아래에서 나아가도록 한다.

# 02
## Swimming skill

# 다이브

시합을 뛰는 선수들은 대부분 다이브로 스타트를 하여 물속 동작 후 스트로크로 연결하는 브레이크 아웃 구간에서
폭발적인 스피드를 낸다. 다이브는 입수각이 매우 중요하다. 입수각이 너무 크면 소위 말하는 배치기 등으로
부상을 당할 위험이 있으니 주의하자. 손끝 → 머리 → 허리 → 다리 → 발끝 순으로
포물선을 그리며 입수할 수 있도록 다이브를 잘 익혀보자.

## 1 그랩 스타트

그랩 스타트는 스타트 블럭을 밀어 입수하는 동작으로 입수하는 시간이 굉장히 빠르다. 입수할 때 표면 저항을 줄이기 위해 손끝을 발끝보다
더 아래로 낮춰야 하는데, 손끝의 입수각이 좁으면 수영장에 수직으로 입수할 수도 있기 때문에 수심이 최소 1.5 ~2m인 수영장에서 연습하는
것이 안전하다. 다이브 후에는 곧바로 손끝을 수면 위로 올려서 빠르게 추진하자.

편하게 서서 발가락으로 블럭을 꽉 잡아준다. 양팔은 다리 안쪽이나 바깥쪽 어디에 두어도 상관없고, 무릎은 약 35도
정도 구부린다.

준비 신호에 무게중심을 앞으로 두고 출발 신호에 맞춰 힘껏 벽을 밀어 다이브한다. 점프할 때는 먼저 입수지점을 확인하고 앞으로 뛰어드는 느낌으로 동작하는 것이 좋다.

점프와 동시에 입수지점을 확인한 후에는 재빨리 고개를 숙여 스트림라인 자세로 입수한다.

## ② 그랩 스타트 단계별 연습법

단계별 연습을 통해 그랩 스타트를 익혀보자. 처음부터 스타트대 위에 서면 눈의 위치가 높아 두려울 수 있기 때문에 먼저 앉은 자세부터 연습하는 것이 좋다. 이후 동작이 익숙해지면 서서 다이브를 연습해보자. 서서 다이브를 연습할 때는 배치기를 하지 않도록 주의하고, 점프를 하기보다는 상체의 무게중심을 앞으로 이동시키는 느낌으로 입수하자.

### 앉아 다이브

**목적** 입수 순서 익히기 | 다리로 도약하는 감각 익히기

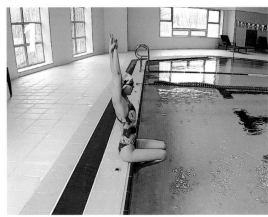

데크에 걸터앉아서 발바닥을 벽에 붙인 다음 팔로 머리를 감싸 스트림라인을 만들어준다.

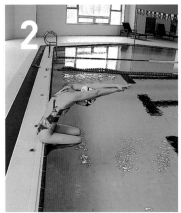

인사하듯이 상체를 앞으로 숙여 손끝 → 머리 → 상체 순으로 입수한다. 상체까지 모두 입수되면 발바닥으로 벽을 밀어 앞으로 추진한다.

## 서서 다이브 1

**목적** 스타트 데크 높이 적응하기 | 입수 지점 확인 후 들어가기 | 손끝과 발끝 입수각 익히기

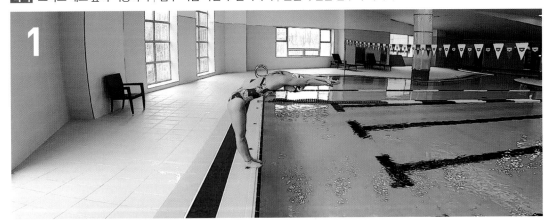

양발 사이에 발 하나의 간격을 두고 서서 엄지 발가락으로 데크를 꼬집듯이 잡는다. 그다음 양팔을 머리 위로 뻗어서 스트림라인을 만들고 상체를 앞으로 숙여준다.

무릎을 펴고 그대로 무게중심만 앞으로 넘겨주어 손끝 → 머리 → 복부 → 허리 → 다리 → 발끝 순으로 입수한다.

# 쪼그려 다이브

**목적** 입수 순서 익히기 | 다리로 도약하는 감각 익히기

양발 사이에 발 하나의 간격을 두고 쪼그려 앉아서 엄지 발가락으로 데크를 꼬집듯이 잡는다. 양팔은 손끝이 입수 지점을 향하도록 곧게 펴고 시선은 입수 지점을 바라본다.

입수 지점을 확인한 뒤 양팔 사이로 머리를 재빠르게 넣으면서 무게중심을 앞으로 이동시키고, 발끝으로 잡은 데크를 힘껏 밀어준다. 입수는 손끝 → 머리 → 허리 → 다리 → 발끝 순으로 되어야 한다.

## 서서 다이브 2
**목적** 다이브 높이 적응하기 | 상체로 무게중심 이동하는 감각 익히기

양발 사이에 발 하나의 간격을 두고 서서 무릎을 살짝 구부린 다음 엄지 발가락으로 데크를 꼬집듯이 잡는다. 양팔과 시선은 입수 지점을 향해준다.

입수 지점을 확인한 뒤 양팔 사이로 머리를 재빠르게 넣으면서 무게중심을 앞으로 이동시키고, 발끝으로 잡은 데크를 힘껏 밀어준다. 수직으로 점프하게 되면 배치기를 하게 될 수 있으니 주의하자. 또한 머리를 양팔 사이로 숙이지 않고 든 상태로 입수를 하면 역시 배치기를 할 수 있으니 주의해야 한다. 너무 멀리 뛰려고 하기보다는 손끝부터 발끝까지 순차적으로 입수하는데 집중하자.

## ③ 크라우칭 스타트

크라우칭 스타트는 그랩 스타트와 다르게 한쪽 발은 앞에, 반대쪽 발은 뒤에 위치하여 자세를 잡는다. 그랩 스타트에 비해 고공 시간이 길어 빠르고 멀리 입수할 수 있지만, 도약 타이밍과 힘을 주는 방식이 익숙하지 않다면 그랩 스타트보다 더 느려지니 주의해야 한다. 크라우칭 스타트는 2가지 형태로 나뉘는데 하나는 두 다리로만 추진을 주는 방식이고, 다른 하나는 두 팔과 다리를 모두 이용하여 추진을 주는 방식이다. 두 팔과 다리를 모두 이용한 크라우칭 스타트가 탄성이 더 높고 입수 지점이 멀어 완성도가 높지만, 개인마다 퍼포먼스를 잘 낼 수 있는 폼이 있으므로 무조건 팔과 다리를 써야만 하는 것은 아니다. 단계별 연습을 통해 크라우칭 스타트를 익혀보자.

### 크라우칭 스타트(두 다리로만 추진을 주는 방식)

왼발은 데크 앞에 두어 엄지 발가락으로 블록을 꼬집듯이 잡는다. 오른발은 뒤쪽에 두고 준비한다. 이때 오른발은 일반적으로 반만 걸쳐서 올려둔다.

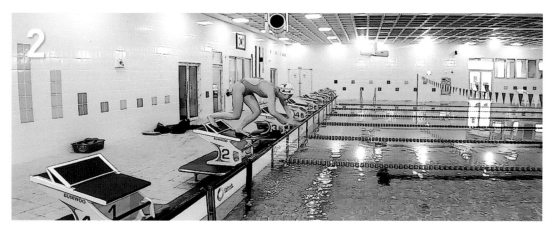

출발 신호에 맞춰 눈으로 입수할 지점을 확인하며 손끝을 전방으로 뻗어준다.

왼발로 블럭을 밀어내면서 양팔 사이로 머리를 재빨리 숙여 스트림라인 자세로 입수한다. 머리를 들고 있으면 배치기를 할 수 있기 때문에 입수 지점을 확인한 뒤에는 반드시 머리를 숙이고 스트림라인을 만들어주자.

## 크라우칭 스타트(두 팔과 다리로 추진을 주는 방식)

왼발은 데크 앞에 앞에 두어 엄지 발가락으로 블럭을 꼬집듯이 잡는다. 양팔은 블럭 앞쪽에 두고 오른발은 뒤쪽에 둔다.

출발신호에 맞춰 오른발과 두 팔로 블럭을 힘껏 밀어 점프하면서 입수할 지점을 확인한다.

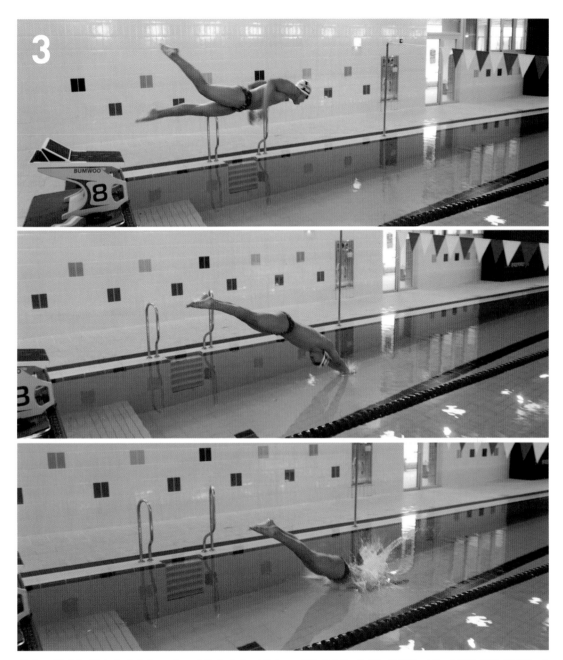

왼발로 블럭을 끝까지 밀어내고 뒤로 밀었던 손을 전방으로 되돌리면서 머리를 감싸준 다음 머리를 양팔 사이로 재빠르게 숙여서 스트림라인 자세로 입수한다.

## 4 크라우칭 스타트 단계별 연습법

크라우칭 스타트는 무릎꿇고 다이브 연습으로 완성할 수 있다. 처음에는 손을 앞으로 뻗고 입수 지점을 확인한 상태에서 다이브를 해보고, 익숙해지면 양팔로 데크를 잡은 상태에서 순간적으로 동작을 만들며 다이브하는 연습을 해보자.

### 무릎 꿇고 다이브 1

**목적** 순차적으로 다리에 힘 들어가는 감각 익히기 | 몸의 무게중심 이동 경로 파악하기

무릎 꿇고 다이브는 벽을 밀면서 다이브하는 감각을 익힐 수 있는 연습이다. 왼쪽 다리는 무릎을 구부려 세우고 발가락으로 데크를 잡는다. 오른쪽 다리는 무릎을 바닥에 대고 발바닥을 세워서 발가락으로 지면을 지지한다.

상체는 스트림라인을 잡고 입수할 지점을 확인한 후 왼쪽, 오른쪽 다리를 순차적으로 펴면서 바닥을 밀어 다이브한다. 왼쪽과 오른쪽 다리가 순차적으로 자연스럽게 움직여야 하기 때문에 입으로 혹은 속으로 '따~닥' 소리를 내어 박자를 생각하면서 연습하자.

# 무릎 꿇고 다이브 2
**목적** 손 동작 연결 감각 익히기 | 입수 동선 익히기 | 스트림라인 유지하기

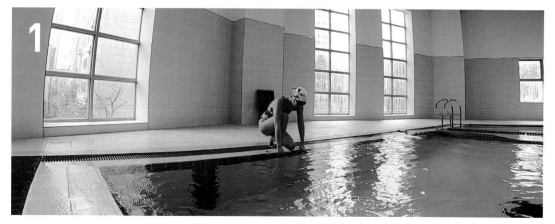

왼쪽에서 했던 방법과 같은 방식으로 다이브 준비를 한다. 발은 자신이 다이브하기 좋은 쪽으로 준비를 하고 양손은 데크 앞에 둔다.

스트림라인을 잡고 입수할 지점을 확인하면서 다리를 순차적으로 편다. 양팔은 데크를 밀면서 재빨리 입수 지점을 향해 앞으로 뻗어주자.

다리를 펴면서 바닥을 밀어 다이브한다. 일어나는 박자를 잘 맞추도록 하고, 손끝부터 발끝까지 순차적으로 입수할 수 있도록 하자.

# 크라우칭 스타트 완성

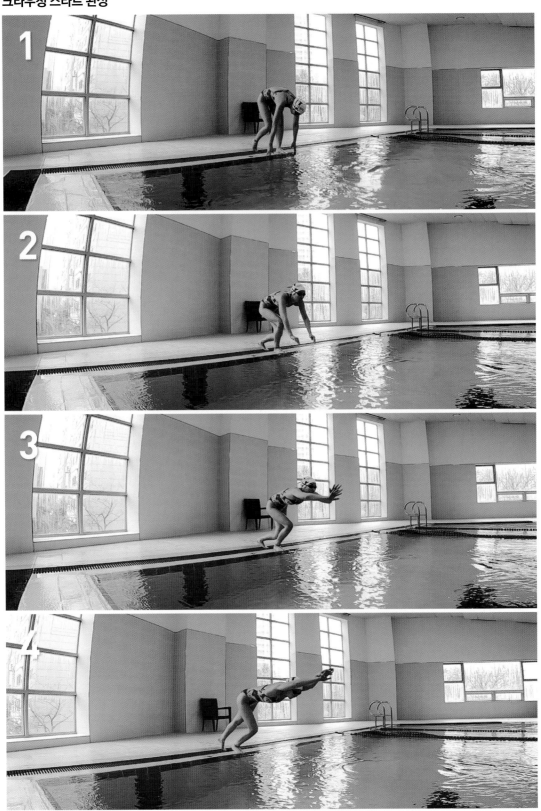

# 5 배영 다이브

스타트할 때 가장 신경써야 하는 부분은 입수할 때 몸의 마찰을 줄이는 것이다. 이를 위해서는 손끝부터 발끝까지 한 지점에 입수하는 것이 좋지만, 배영은 뒤로 출발하기 때문에 한 지점에 손끝부터 발끝까지 깔끔하게 입수하기가 어렵다. 스타트할 때 발끝을 수면 위로 노출시키고 몸을 유연하게 움직여서 마찰을 최대한 줄이도록 하자.

준비 신호에 발끝을 수면 위에 가깝게 두고 엉덩이를 수면 위로 최대한 노출시킨다. 턱은 당기지 않고 허리를 꼿꼿이 펴고 준비한다.

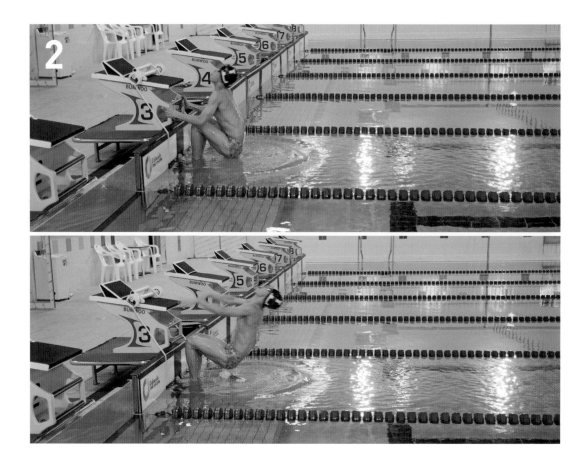

출발 신호에 맞춰 팔과 시선을 재빠르게 머리 위로 넘기면서 몸을 활처럼 뒤로 젖힌다.

몸이 수면에 닿지 않게 하고 손끝부터 입수가 되면 발끝을 올려 수면 위로 노출시킨다. 몸이 일자로 누워서 입수되지 않도록 해야 입수 후에 추진력을 잘 낼 수 있다.

# 터치

터치는 대부분 사람들이 수영할 때 많이 놓치는 부분인데, 터치를 잘 해야 턴으로 이어갈 수가 있다.
터치는 영법 별로 방식이 다르다. 양손을 교차로 스트로크하는 자유형과 배영은 한 손으로 터치하고,
양손을 동시에 움직이는 평영과 접영은 양손으로 터치가 이루어진다. 터치와 턴을 할 때는 스트로크의 거리와 빈도를
잘 파악하는 것이 중요하므로 자신이 몇 번의 스트로크로 얼만큼 나아가는지 잘 알고 있는 것이 좋다.
매번 수영할 때마다 스트로크 수를 셀 수 없다면 최소 벽에서 10m 혹은 5m 전에 스트로크 수를 세어 몇 번째에 도착하는지 파악해보자.

## 1 자유형 터치

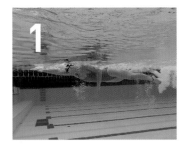 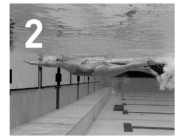 

자유형은 자연스럽게 스트로크를 이어가다가 마지막 스트로크는 손을 뻗은 채로 나아가 터치한다.

## 2 배영 터치

배영도 한 손으로 터치를 한다. 자연스럽게 스트로크를 하며 영법을 이어가다가 마지막 스트로크는 손을 뻗은 채로
나아가 터치한다. 터치가 완료될 때까지 등이 보이지 않도록 하자.

## 3 평영 터치

평영은 양손으로 터치를 한다. 마지막 스트로크 때 팔을 뻗어 터치하는데, 터치할 때 양팔이 수면 위로 너무 높게 올라오지 않도록 주의하자.


## 4 접영 터치

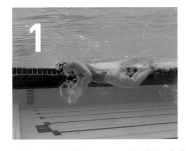  

접영도 마지막 스트로크 후 팔을 뻗어 양손으로 터치한다. 평영과 마찬가지로 터치할 때 양팔이 수면 위로 너무 높게 올라오지 않도록 주의하자.

 **TIP**  터치할 때는 머리를 들지 않아야 빠르게 할 수 있다

터치할 때는 머리를 들어 터치할 지점을 보는 것보다 머리를 숙이고 자연스럽게 수영하듯이 터치하는 것이 더 빠르다. 이를 위해서는 자신이 스트로크 한 번에 얼만큼 나아가는 지 잘 파악하는 것이 중요하다.

# 턴

수영에서 턴은 영법에 따라 사이드 턴, 플립 턴, 백 턴으로 나누어진다. 먼저 턴의 형태를 익혀보도록 하자.

**1** **자유형**: 사이드 턴 (한 손 터치), 플립 턴     **3** **평영**: 사이드 턴 (양손 터치)
**2** **배영**: 플립 턴     **4** **접영**: 사이드 턴 (양손 터치)

## **1** 사이드 턴

턴은 영법 진행 중에 이루어지므로 터치할 때 진행 방향으로 인해 팔이 살짝 구부러지게 된다. 이때 구부러진 팔로 벽을 힘껏 밀어내면서 팔과 다리의 위치를 빠르게 바꾸어 앞으로 나아가는 것이 포인트다. 먼저 자유형, 평영, 접영에서 사용하는 사이드 턴에 대해서 알아보자.

### 자유형 사이드 턴

자연스럽게 스트로크를 이어가다가 마지막 스트로크는 손을 뻗은 채로 나아가 벽을 터치한다.

진행하는 속도를 이용해 벽을 밀어내면서 머리 위치를 반대쪽으로 바꿔준다. 이때 머리가 수면 위로 올라가야 하는데, 최대한 수면에 가깝게 올라가야 한다.

고개가 수면 위로 나오면 자유형 호흡하듯이 한 번의 호흡을 하고 터치한 팔 역시 최대한 몸에 밀착하여 되돌아온다. 그다음 두 다리로 벽을 힘껏 밀어내면서 수면 아래에 있던 팔과 수면 위에 있던 팔을 포개 스트림라인 자세를 만들어주고 추진한다.

**평영 사이드 턴**

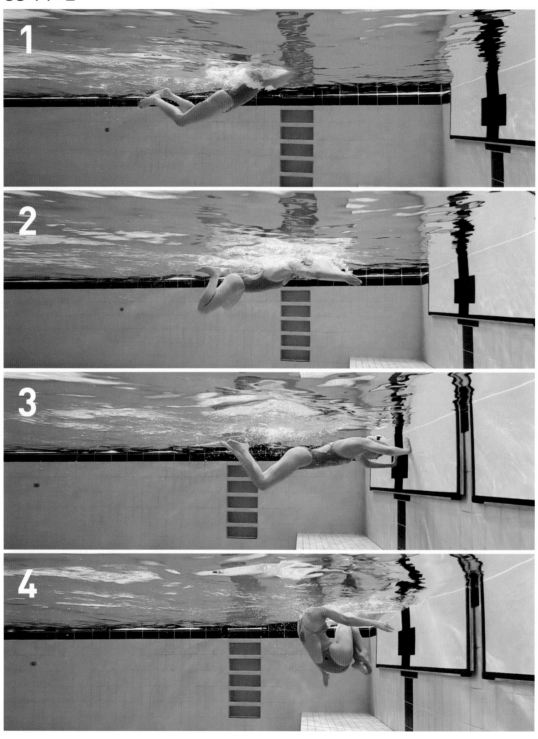

자연스럽게 스트로크를 이어가다가 양손으로 벽을 터치한다. 터치하면서 자세를 바꿔 호흡할 때 머리가 수면 위로 많이 뜨지 않게 주의하자.

두 다리로 벽을 밀면서 스트림라인을 유지하고 앞으로 나아간다. 평소에 수영장 바닥에 있는 T바의 위치를 잘 확인해서 몇 번의 스트로크로 도착하는지 미리 파악해두자. 이렇게 하면 사이드 턴을 할 때 터치 오류를 줄일 수 있다.

## 접영 사이드 턴

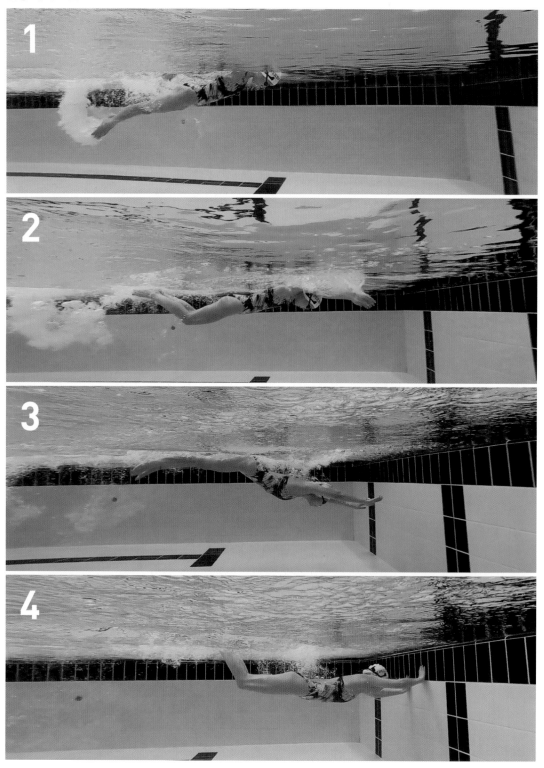

평영 사이드 턴과 주의사항이 같다. 자연스럽게 스트로크를 이어가다가 양손으로 벽을 터치하고, 터치하면서 자세를 바꿔 호흡할 때 머리가 수면 위로 많이 뜨지 않게 주의하자.

호흡한 뒤에는 두 다리로 벽을 밀면서 스트림라인을 유지하고 앞으로 나아간다.

## ② 플립 턴

플립 턴 동작은 앞 구르기와 원리가 같다. 터치하기 1스트로크 전에 턴을 준비해야 하며, 반환지점에서 턱을 당겨 재빠르게 앞 구르기를 하면서 머리와 다리의 위치를 바꾼다. 플립 턴은 자유형과 배영에서 사용할 수 있고, 가장 빠른 턴이기 때문에 시합 때 주로 사용한다. 벽과의 위치를 잘 맞춰야 하므로 평소 5m 전에 몇 번의 스트로크로 벽에 도착하는지 알아두는 편이 좋다. 특히 배영은 벽과의 거리를 직접적으로 볼 수 없기 때문에 이를 꼭 알고 있어야 한다. 터치하기까지 스트로크 수가 5번이라면 -1을 하여 4번 스트로크 후 몸을 되돌려 플립 턴을 완료하도록 하자. 앞 구르기 후 다리가 닿지 않는 상황이 생기더라도 벽과 조금 멀리 떨어져서 연습하고 이후 동작의 연결이 익숙해지면 조금씩 벽과 간격을 좁히는 것이 좋다.

### 자유형 플립 턴

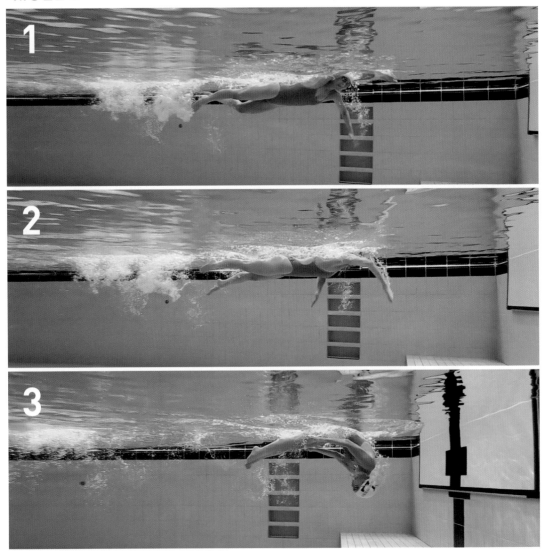

수영장 바닥에 T 선이 보이면 호흡한 후 양팔로 강하게 물을 밀면서 앞 구르기하듯이 몸을 말아준다. 이때 턱을 들면 몸이 돌아가는 회전력이 줄어들어 빠르게 회전할 수 없으므로 시선은 배꼽을 본다. 앞 구르기하는 중에는 코로 호흡을 꾸준히 뱉어야 한다.

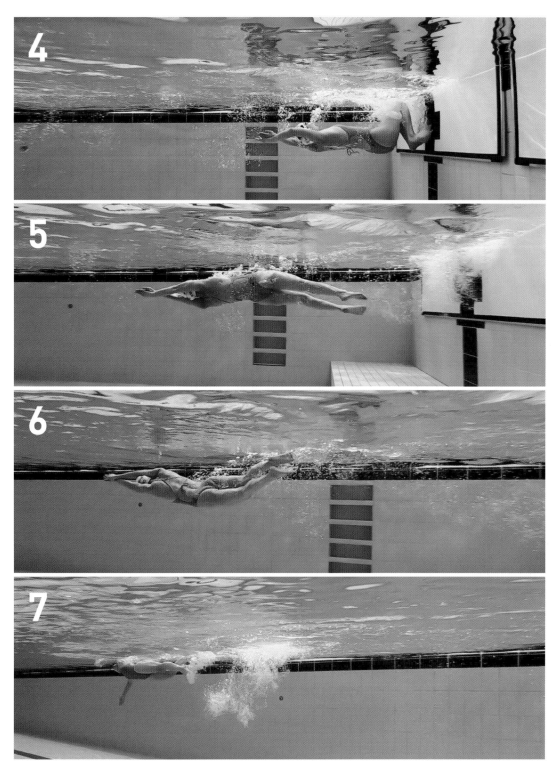

180도 턴을 완료했으면 허벅지에 있는 양팔을 자연스럽게 머리 위로 뻗는다. 그다음 팔꿈치에 힘을 주어 몸을 늘려주고 벽을 차면서 배면으로 추진한 뒤 돌핀 킥으로 몸을 되돌려 나아간다.

## 배영 플립 턴(백 턴)

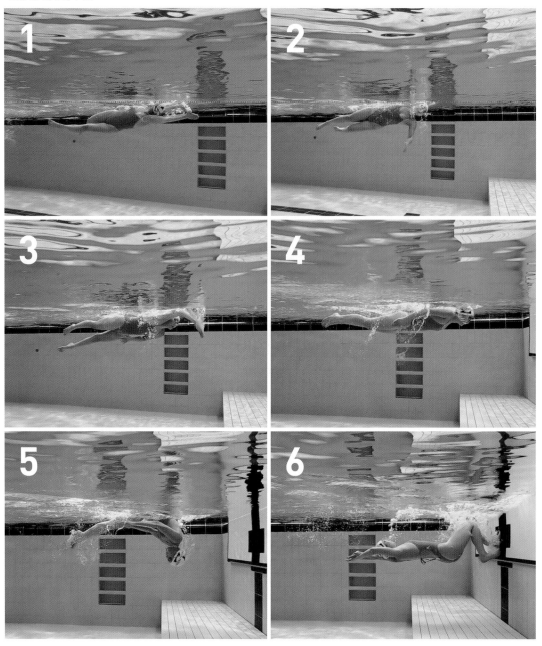

턴하기 전 마지막 스트로크를 하고 자유형하듯이 몸을 돌려준다. 플립 턴을 할 때는 손으로 물을 강하게 밀면서 앞 구르기하듯이 몸을 말아준다.

180도 턴을 완료한 뒤에는 팔꿈치에 힘을 주어 몸을 늘려주고, 벽을 찬 다음 배면으로 추진하면서 돌핀 킥으로 몸을 되돌려 나아간다.

 **TIP** **턴은 굉장히 빠르게 이루어져야 한다**

호흡이 매번 부족하고, 물을 먹는다면 회전하는 속도가 느리거나 추진이 부족하지 않은지 확인해보자. 만약 회전하는 속도가 느리다면 앞구르기를 좀 더 빨리 할 수 있도록 하고, 추진이 부족하다면 턴하기 전에 돌핀 킥을 한 번 세게 차는 것이 좋다.

# 05
## Swimming skill

# 각 영법 물속 동작

수영 경기를 보면 수면 위보다 수면 아래에서 돌핀 킥으로 나아가는 것이 더 빠르다는 것을 알 수 있다.
하지만 수영 경기에서는 수면 아래에서 나아가는 거리와 횟수를 제한하고 있는데, 거리로 제한을 두는 영법은 자유형, 배영, 접영이며
모두 15m이상 넘어가지 않아야 한다. 평영의 경우에는 돌핀 킥과 스트로크가 각 1회씩으로 정해져 있기 때문에
15m이상 넘어가더라도 횟수를 넘지 않으면 실격처리가 되지 않는다. 다이브하거나, 벽을 밀어 스트림라인 자세로 추진하면
아주 강한 추진력이 생기기 때문에 곧바로 돌핀 킥을 하는 것보다 약 1초 후에 돌핀 킥을 시작하는 것이 좋다.

## 🔳 자유형, 배영, 접영 물속 연결 동작

자유형, 배영, 접영은 물속 연결 동작이 동일하다. 다이브 혹은 턴 후에 돌핀 킥으로 시작하며 업 킥 시 발끝이 수면 위에 걸리면 해당 영법의
킥으로 바꾸어 브레이크 아웃을 한다.

### 자유형 물속 연결동작 – 측면

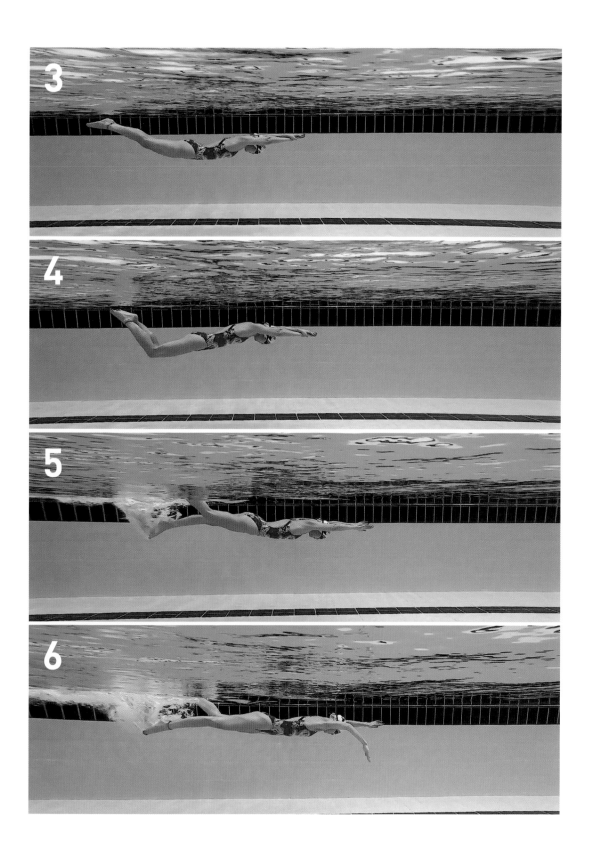

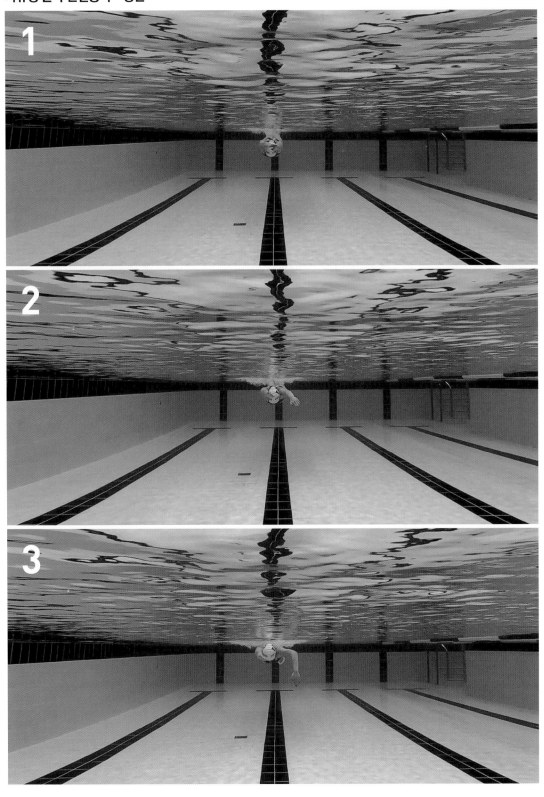

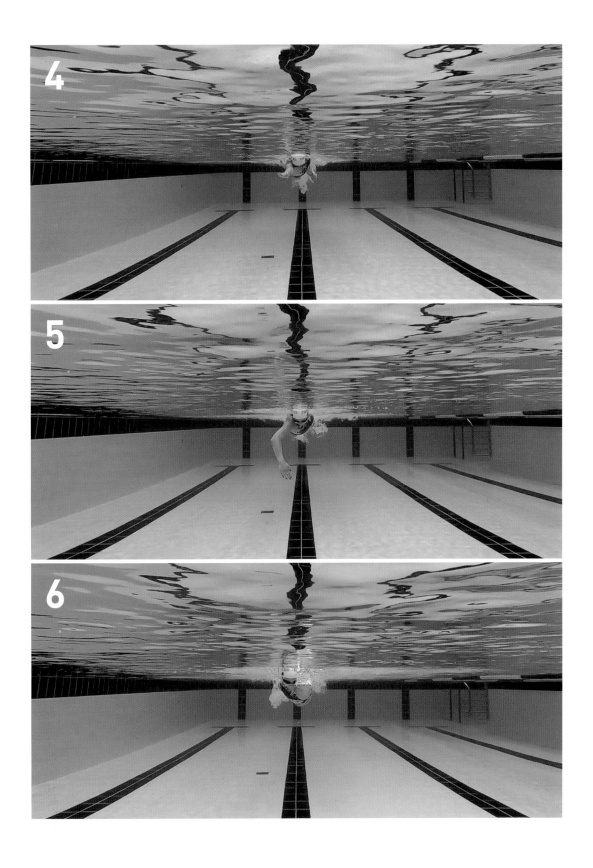

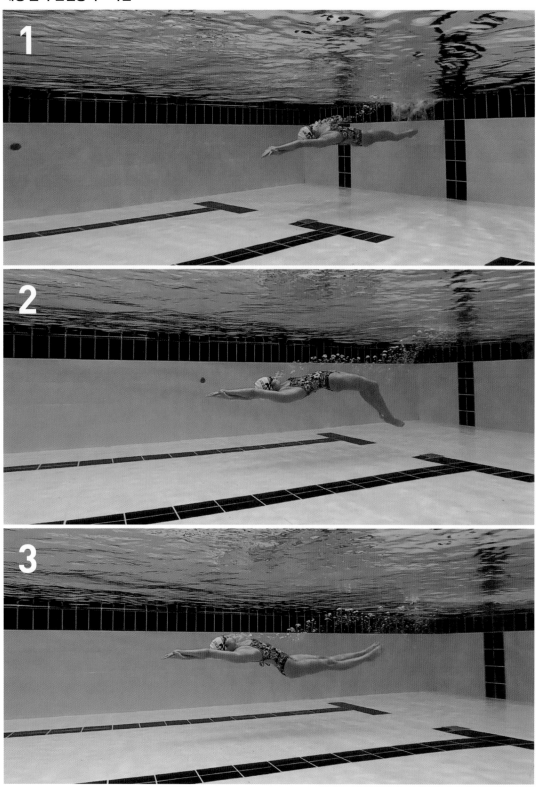

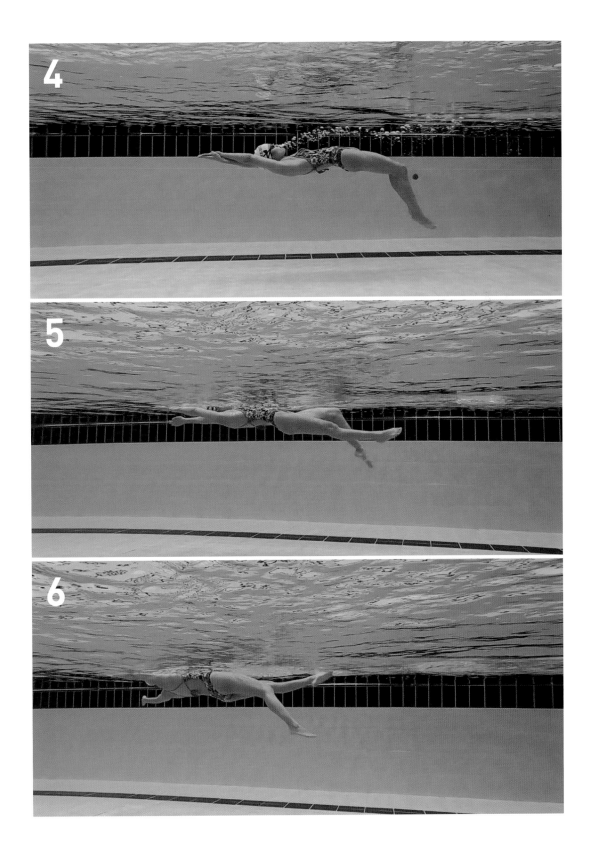

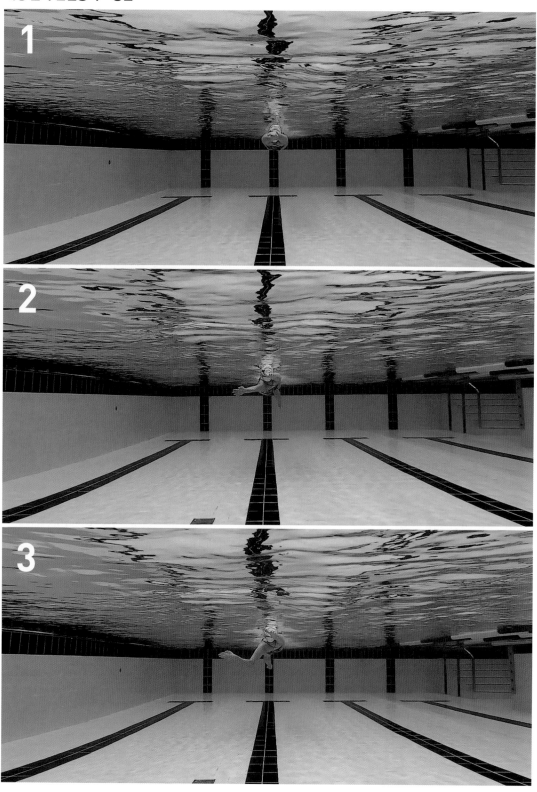

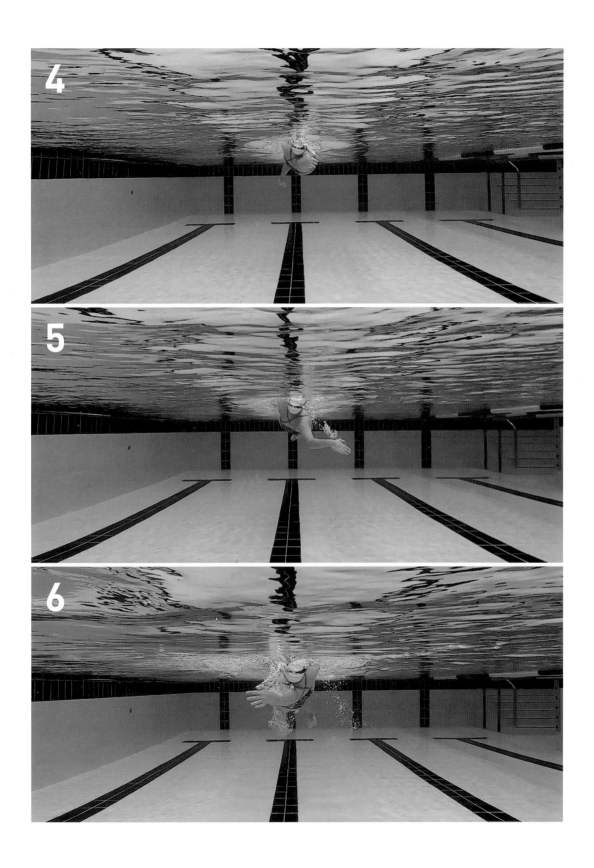

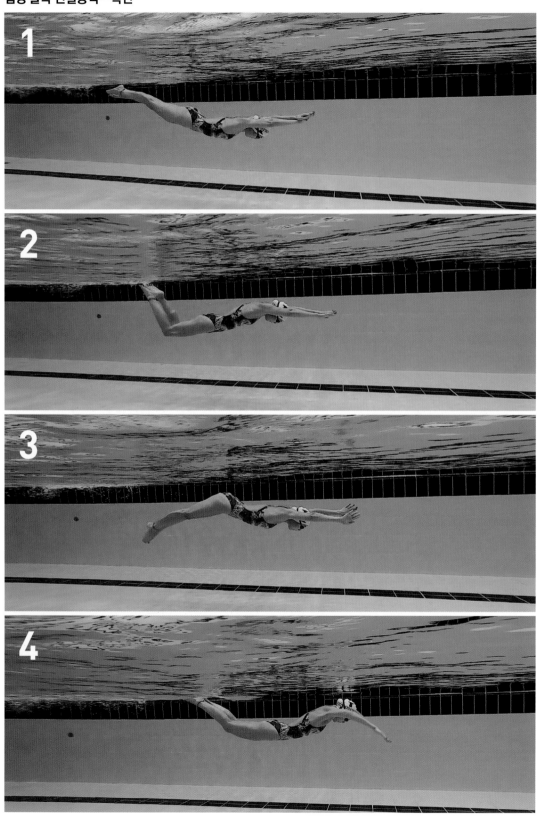

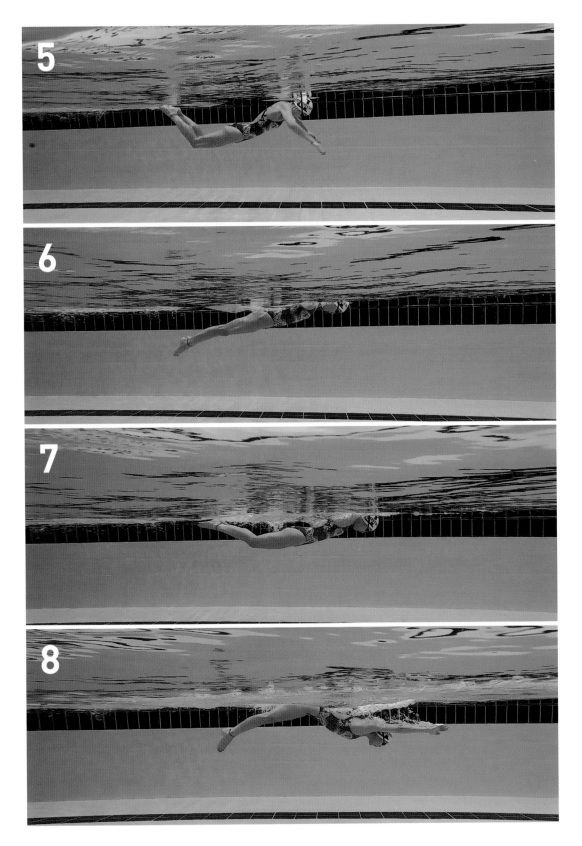

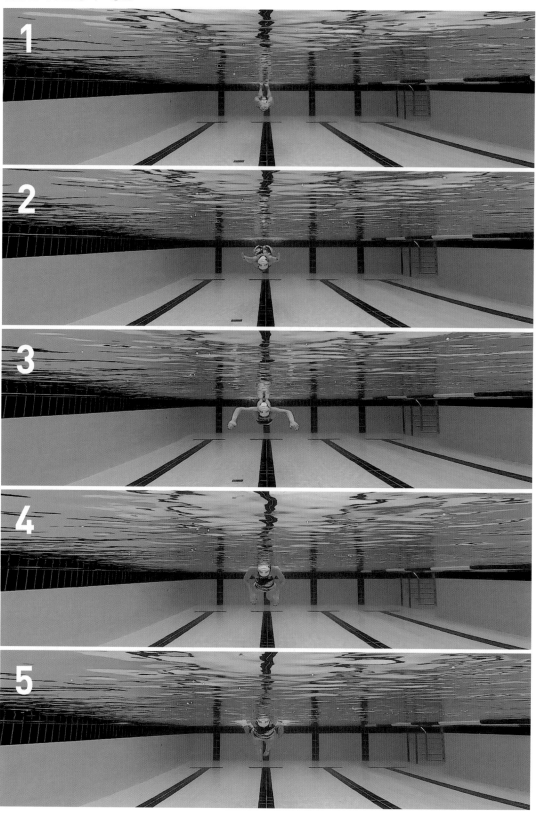

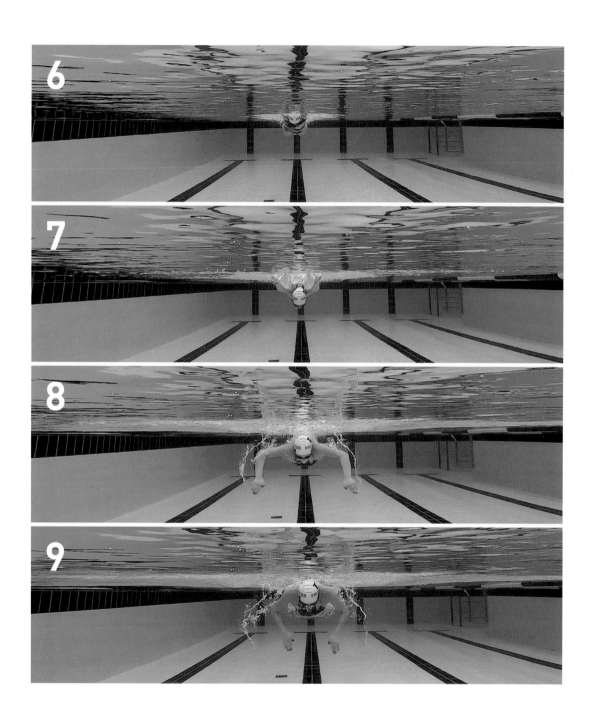

## ② 평영 물속 연결 동작

이전의 평영은 시작하는 지점에서 돌핀 킥을 하는 것으로 정해져 있었지만, 현재는 그 규정이 없어졌기 때문에 원하는 타이밍에 돌핀 킥을 할수 있다. 아래 설명은 가장 흔한 평영의 물속 동작이다.

• 출발 후 스트림라인 1초 유지
• 전방에서부터 허벅지까지 물을 밀어냄과 동시에 돌핀 킥 1회
• 허벅지에 있는 팔을 몸에 가깝게 밀착하여 전방으로 되돌려주고 팔을 뻗는 시점에서 평영 킥 1회 후 영법 시작

### 평영 물속 연결동작 – 측면

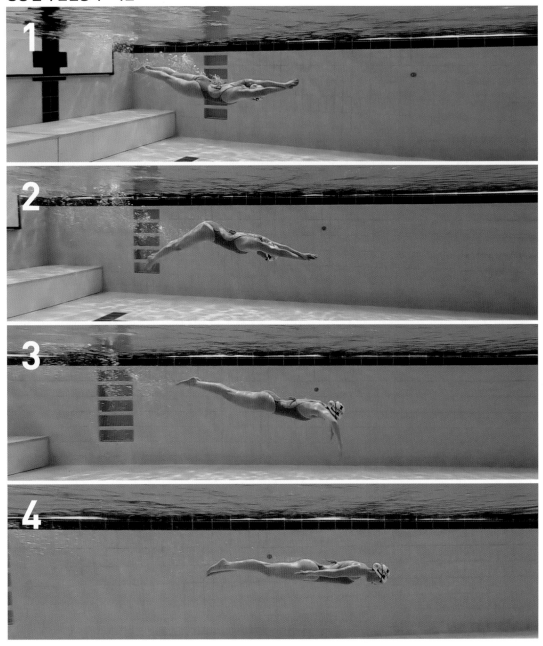

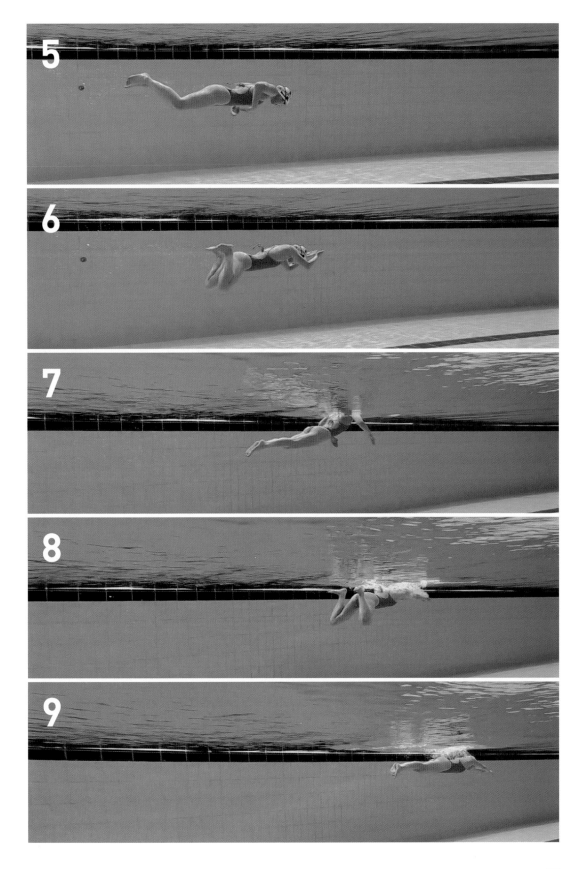

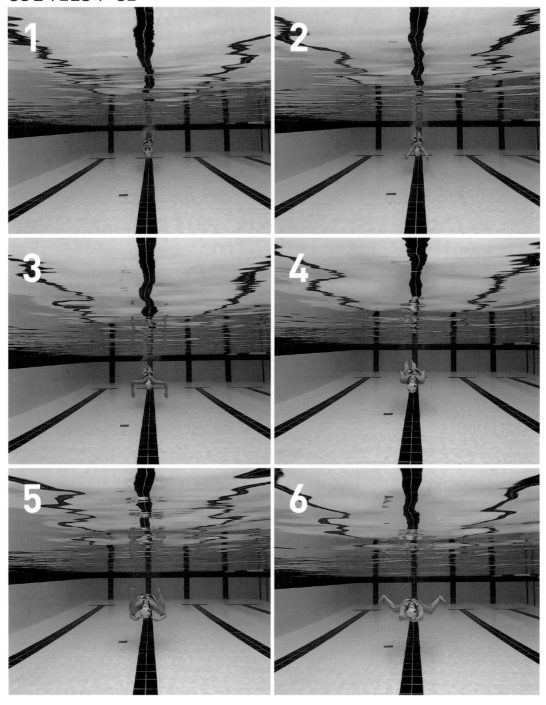

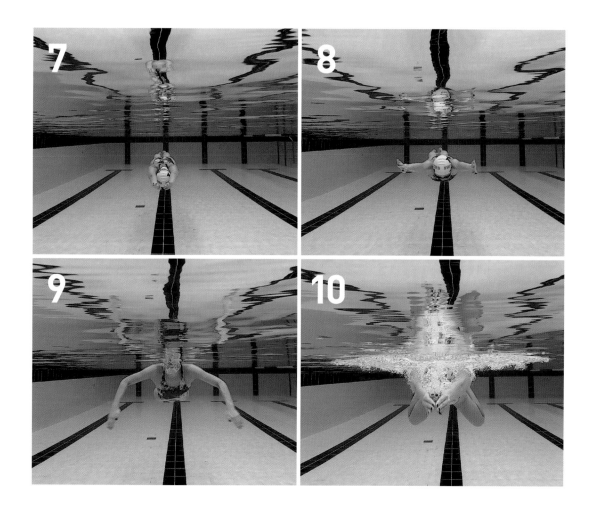

# 스컬링

수영할 때 손은 패들과 같은 역할을 하는데, 스컬링을 많이 연습하게 되면 표면적을 최대화하여
효율적인 추진력과 몸을 띄워내는데 도움을 준다. 스컬링 연습은 목적에 따라 여러 가지로 만들 수 있는데,
어떤 형태의 연습을 하던 손바닥으로 물의 압력을 느끼는데 집중하도록 하자.

## 1 프런트 스컬링

다리는 움직이지 않고 손과 손목을 좌우로 살랑살랑 움직여 물의 저항을 느껴보자. 동작할 때는 '∞' 모양, 혹은 'S'자를 상상하면 좋다. 뜨는
것이 어렵다면 풀부이의 도움을 받아 스트림라인을 유지시키고 동작을 시도해보자.

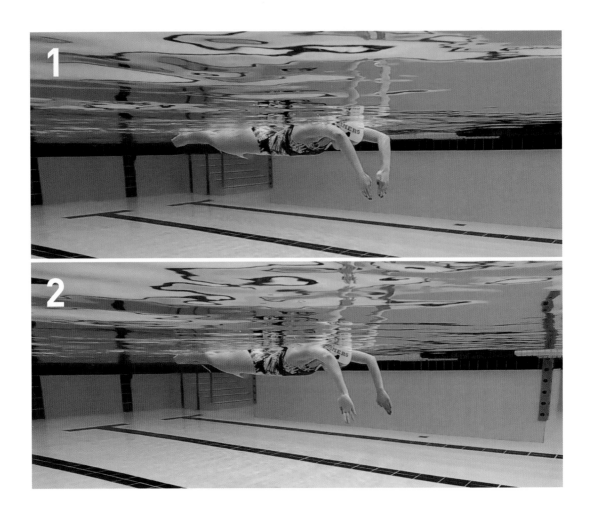

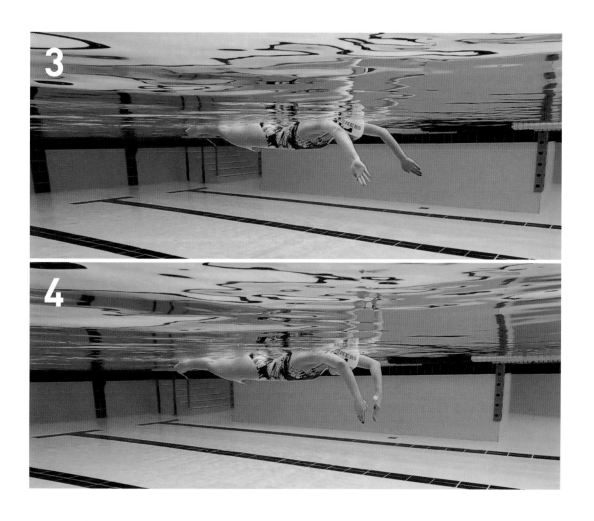

## 2 미드 스컬링

미드 스컬링은 어깨 위에서 자세를 고정시키고 스컬링을 하기 때문에 어깨에 과한 자극을 줄 수 있다. 만약 팔꿈치 각이 어깨에 스트레스를 준다면 얼굴 쪽에 가까운 위치를 어깨 쪽으로 살짝 내려서 하면 좋다. 어깨에 과한 자극이 가지 않도록 손바닥과 전완에 물의 압을 느껴보도록 하자.

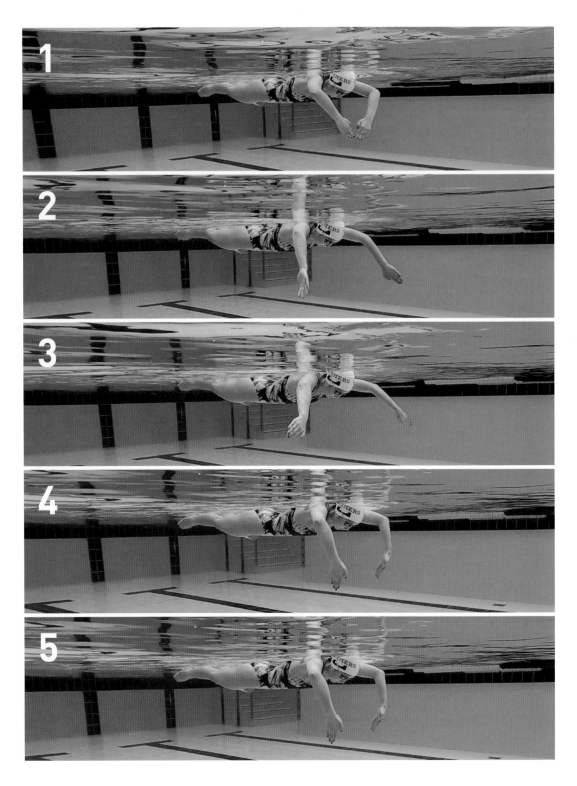

## 3 피니시 스컬링

가슴아래 – 배꼽 – 허벅지로 밀어내는 피니시 스컬링은 몸에서 팔꿈치가 떨어지지 않을수록 좋다. 동작을 연습하면 삼두에 자극이 오는 것을 느낄 수 있는데, 이는 피니시 동작을 향상시키는데 도움이 된다.

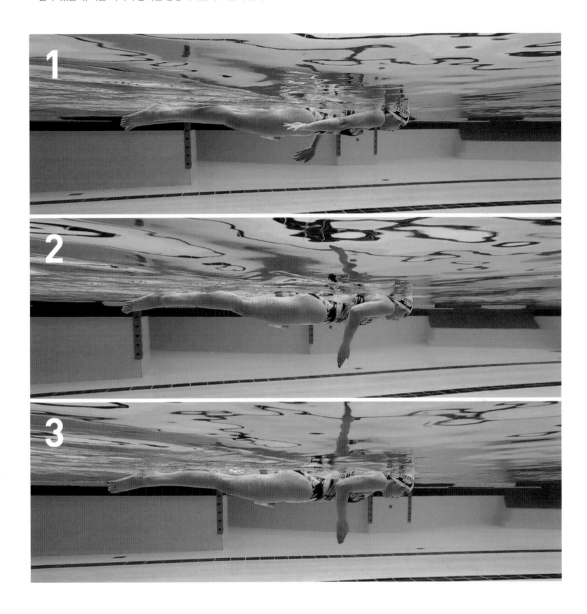

# 4 백 스컬링

백 스컬링은 오버헤드 스컬링으로도 불리며 배영 스트로크 시 캐치 동작에 도움을 준다.
양팔을 자연스럽게 수면 위로 띄운 다음 이를 눌러 스컬을 반복해야 하는데, 어깨의 가동범위가 좋지 않다면 팔이 수면 아래로 내려가는 것이
어려울 수 있다. 이 경우에는 무리하게 동작하지 말고 한쪽 팔씩 동작하거나, 프론트 스컬링으로 대체하도록 한다.

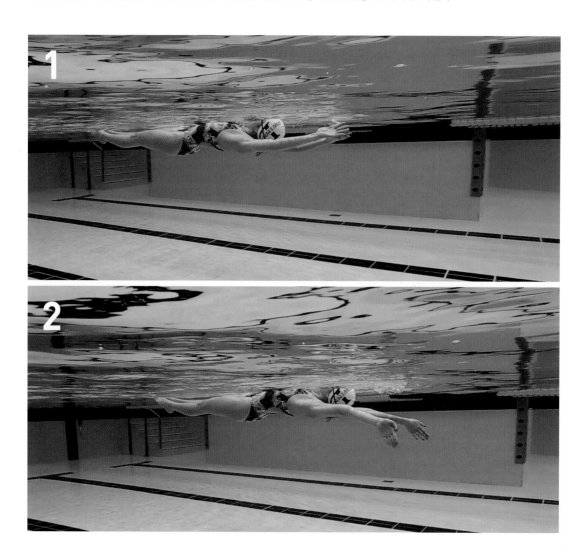

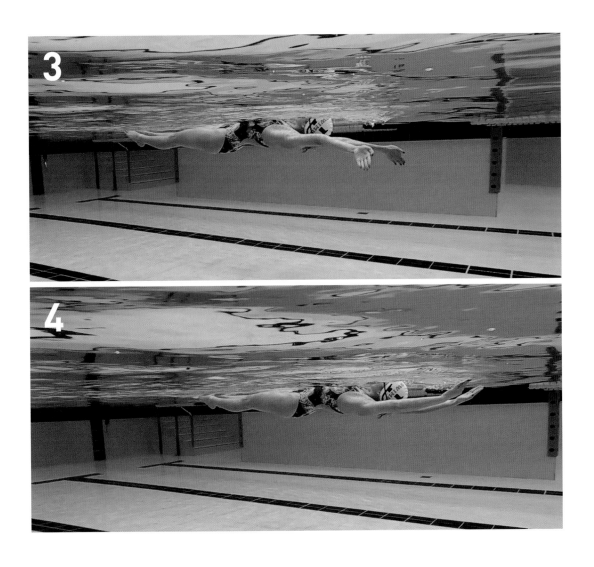

# PART 07

# SURVIVAL SWIMMING

## · 생존 수영 ·

생존 수영이란 위급상황 시 구조될 때까지 자기 자신을 보호하며 스스로 생존할 수 있게 하는 수영이다. 여기에서는 자신과 타인의 생명을 지킬 수 있는 방법을 알아보겠다. 생존 수영은 잘 배워두면 예기치 못한 상황에서 물에 빠지더라도 자신뿐만 아니라 타인의 생명을 구할 수도 있으니 꼭 살펴보길 바란다.

# 생존 수영 안전 수칙

## 1 항상 안전에 유의하자

수영을 잘 하는 사람도 근수축, 혹은 외부 요인으로 인해 언제든 위험한 상황에 처할 수 있다. 수상은 지상보다 통제가 곤란하고 재난이 잘 발생하기 때문에 물놀이 전에는 항상 안전에 예의 주시해야 한다.

## 2 물에 빠지면 당황하지 말고 부력을 이용해 몸을 띄우자

물에 빠지면 대부분 당황해서 불필요한 동작을 많이 하게 되는데 이렇게 하면 더욱 물속으로 가라앉게 된다. 불필요한 동작을 최소화하고 몸에 힘을 빼서 수면 위로 몸을 띄우는 데 집중하자.

## 3 가장 중요한 것은 체온을 유지하는 것이다

수중에서의 체온 감소는 지상보다 25배 정도 빠르기 때문에 20℃ 이하의 수중에서 보호복을 착용하지 않는다면 저체온증이 시작되고 그 상태로 오랜 시간 머무르게 되면 사망에 이른다. 특히 바람과 물살의 영향을 받는 야외 수영에서는 아무리 수영을 잘한다고 해도 통상적으로 200m 이상 헤엄치기는 쉽지 않기 때문에 구조될 때까지 최대한 오랜 시간 체온 유지에 힘써야 한다.

## 4 음주 시에는 수영하지 않는다

음주 시에는 판단력이 흐려지기 때문에 올바른 결정을 하기가 어려우므로 수영을 하지 말아야 한다.

## 5 혼자 입수하지 않는다

둘 중 한 명에게 응급상황이 생기거나 익수자가 되었을 경우 반드시 신고할 사람이 있어야 한다.

## 6 자연을 이기려고 하지 않는다

수영을 아무리 잘하는 사람이라고 해도 자연을 이기려고 해서는 안 된다.

## 7 구명조끼는 항상 소지하거나 착용하고 있어야 한다

구명조끼를 입고 있거나 가지고 있다면 수난사고가 발생해도 생존할 확률이 확연하게 높아진다. 번거롭거나 귀찮다고 생각하지 말고 꼭 챙길 수 있도록 하자.

# 02
Survival swimming

# 구명 도구

## 1 레스큐 튜브(근거리 구명 도구)

긴 막대처럼 생겼으며 양쪽에 있는 버클을 채워 동그랗게 튜브처럼 만들 수 있다. 구조용 끈 길이는 3m 이내로 구조자가 직접 가지고 물에 들어가서 구조하거나 끈 길이 내에 익수자가 있는 경우 레스큐 튜브를 던져 익수자를 물밖으로 끌어당길 수 있다. 레스큐 튜브를 몸에 걸 때는 빠지지 않도록 몸통 끈을 걸어 사용해야 한다.

## 2 레스큐링(원거리 구명 도구)

레스큐링은 도넛 모양으로 생긴 투척용 부력 도구로 구조용 끈 길이는 최대 20m이다. 익수자 머리 뒤로 던져 추가 사고를 방지하고 익수자가 레스큐링을 잡으면 천천히 끌어당겨 구조한다.

한 손에 손목 끈을 걸고, 반대쪽 팔로 레스큐링을 익수자 머리 뒤쪽으로 던진다. 이때 익수자를 맞추지 않도록 주의하며 머리 뒤쪽으로 던져야 한다. 익수자가 레스큐링을 잡으면 천천히 끌어당긴다.

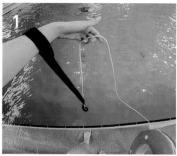

## ③ 구명조끼

구명조끼는 부력 자재가 내재되어 있는 조끼로 물에 쉽게 뜰 수 있게 도움을 준다. 또한 체온 유지에도 도움을 주기 때문에 생존에 반드시 필요한 도구이다. 구명조끼는 스트랩형과 자동팽창형이 있는데 각각에 대해서 알아보겠다

### 스트랩형

다리끈과 허리끈이 있는 구명조끼이다. 착용할 때 다리끈을 제대로 하지 않으면 구명조끼가 몸에서 빠질 수 있으니 주의하자. 다리끈과 허리끈은 체형에 맞게 조여주되 다리끈은 이동할 때 불편하지 않을 정도로만 조여준다.

### 자동팽창형

자동팽창형 구명조끼는 $CO_2$ 실린더가 내장되어 있어 구명조끼가 물속에 잠기게 되면 체형에 맞게 공기주머니에 바람이 주입되어 큰 부력을 받게 된다. $CO_2$ 실린더는 1회용이므로 사고 발생 시 교체하거나 혹시 모를 상황에 대비하여 주기적으로 점검해야 한다. 만약 실린더가 내장되어 있는데도 작동하지 않는다면 수동당김장치를 당겨 부풀릴 수 있으며 이마저도 되지 않는다면 당김장치 반대쪽 고무관을 통해 수동으로 바람을 주입해야 한다.

다리 끈 사이로 발을 넣어 구명조끼를 입
는다.

앞쪽에 있는 버클을 채운다.

다리끈과 허리끈을 체형에 맞게 조절한다.

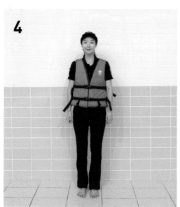

착용 완료

# 03
Survival swimming

# 입수법

## 1 두 발 모아 입수

수난사고 시 물속으로 입수해야 할 때 가장 많이 사용하는 방법이다.

전방을 바라본다. 입수할 때 코에 물이 들어갈 수 있으므로 한 손으로 코를 막고 반대쪽 손은 남자의 경우 낭심을, 여자의 경우는 가슴을 보호하기 위해 잡아준다.

그 상태로 한쪽 다리를 먼저 앞으로 뻗고 이어서 반대쪽 발을 붙여서 입수한다.

## 2 다리 벌려 입수

두 발 모아 입수와 같이 수난사고 때 사용하는 입수 방법으로 주로 수심이 낮을 때 사용한다.

양팔을 벌리고 전방을 바라본 다음 물속으로 걸어가듯이 다리 보폭을 크게 벌려 입수한다.

양팔과 다리 면적이 커서 저항이 커지기 때문에 깊게 들어가지 않고 바로 떠오르게 된다.

# 생존 뜨기 (맨몸일 경우)

## 1 잎새 뜨기

앞서 말했듯 수중에서 팔다리를 휘저어 뜨려고 하면 에너지 소모가 크기 때문에 구조되기 전까지 힘을 비축시키기가 어렵다. 맨몸으로 물에 빠졌을 때는 양팔을 자연스럽게 머리 위로 뻗어서 배면 자세로 있도록 하자. 이 자세로 있으면 불필요한 동작이 최소화되고 에너지를 비축할 수 있어 구조되기 전까지 적어도 1~2시간 정도 버틸 수가 있다.

## 2 숨을 크게 들이마셔서 상체 부력을 크게 한다

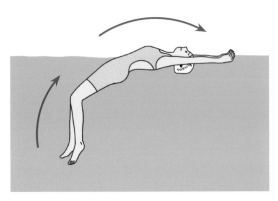

상체의 부력이 커지면 다리가 가라앉고 상체가 세워지게 되는데 이때 상체쪽으로 무게중심을 이동시켜주면 편하게 뜰 수 있다.

## 3 함께 잎새 뜨기

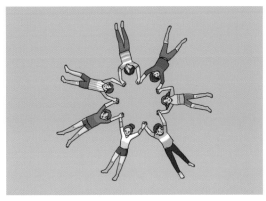

여러 명이 함께 있는 상태라면 손을 잡고 잎새 뜨기를 한다.

## 4 새우등 뜨기

물에 빠지면 먼저 잎새 뜨기를 하는 것이 좋다. 하지만 몸을 펼치고 있으면 체온이 쉽게 떨어지게 되는데, 저체온증으로 인해 체온을 올려야 하는 상황이라면 몸을 웅크려서 새우등이나 해파리 뜨기를 하도록 하자. 새우등 뜨기는 엎드려 뜨는 자세에서 팔로 무릎을 감싸 앉아 공처럼 몸을 말아준다. 새우등 뜨기를 하면 등과 뒤통수 부분이 수면과 가깝게 뜨게 된다. 물속에서 머리를 숙이고 있어야 하므로 호흡은 고개를 들어 주기적으로 마시고 내쉬는 것을 반복해야 한다.

## 5 해파리 뜨기

새우등 뜨기에서 둥글게 말고있는 몸을 길게 늘어트리면 해파리 모습이 된다. 에너지 고갈이 심할 경우 다리와 팔을 쉬게 할 수 있다. 물속에서 머리를 숙이고 있어야 하므로 호흡은 고개를 들어 주기적으로 마시고 내쉬는 것을 반복해야 한다. 실제 상황에서 새우등 뜨기와 해파리 뜨기를 하는 상황이라면 시선이 물속을 향하기 때문에 굉장히 무서울 수 있다. 하지만 최대한 침착하고 체온 유지를 하는데 집중한 다음 가능하다면 다시 잎새 뜨기로 자세를 바꿀 수 있도록 하자.

# 생존 뜨기 (도구가 있을 경우)

## 1 부력 도구를 이용해 뜨기

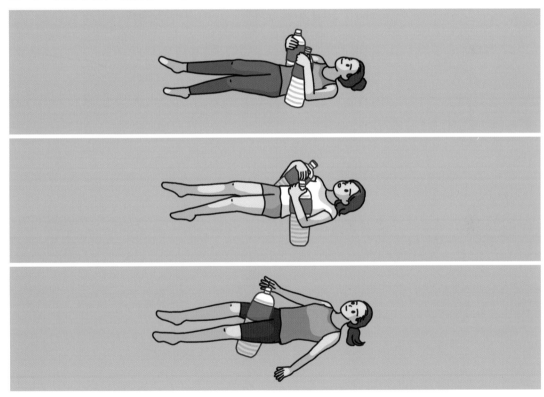

페트병, 과자봉지 등 부력 도구로 쓸 수 있는 물건이 주변에 있다면 이를 이용하는 것이 좋다. 가슴이나 다리 사이, 겨드랑이 사이에 부력 도구를 끼면 에너지 소모를 줄이고 오래 떠 있을 수 있으니 잘 알아두자.

## ② 구명조끼를 입고 뜨기

### 잎새 뜨기

구명조끼를 착용하면 상체의 부력이 커지기 때문에 가만히 있어도 몸이 수면 위로 뜨게 된다.

### 여럿이 함께 잎새 뜨기

## 여럿이 함께 태아 자세로 뜨기

여럿이 함께 뜨면 해상에서 구조자가 알아보기 쉬워 신속한 구조가 가능하다. 또한 동료들과 함께 의지할 수 있어 두려운 상황에서도 심리적으로 안정될 수 있다. 여럿이 함께 뜰 때는 잎새 뜨기보다 태아 자세로 뜨기가 체온을 더 유지하기 좋으니 참고하자.

## 수상행군

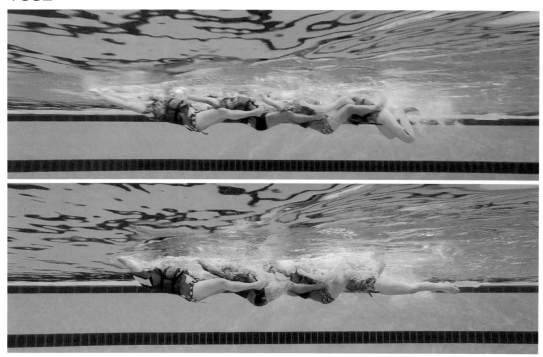

동료들의 몸과 몸을 엮어 배처럼 만들어 나오는 생존영법이다. 선두에 있는 사람을 기준으로 두고 같은 방향으로 몸과 다리를 엮어 눕는다. 후미에 있는 사람은 엎드려서 위치를 잡는다. 선두와 후미에 있는 사람은 어느 정도 수영을 할 수 있는 사람이 하는 것이 좋다. 후미에 있는 사람이 선장이 되어 '하나'라고 선창하면 동료들이 따라 하며 함께 배영하듯이 팔을 위로 리커버리하며 '둘'에 물속으로 노를 젓듯이 저어준다. 후미에 있는 사람은 방향이나 장애물을 잘 봐야 한다.

# 수영 용어

구간기록  레이스할 때 구간별로 기록을 측정하여 나타냄.

앵커맨  4명이 한 팀이 되어 하는 계영, 혼계영의 경기에서 마지막 영자.

야외 수영  실내 수영장을 제외한 바다, 강, 호수 등의 곳에서 수영하는 것을 말함.

초 시계  선수가 훈련 시 사이클을 맞추어 다닐 수 있도록 보는 훈련용 시계.

코스 로프  레인을 구분하기 위해 수면 상에 떠 있는 로프. 일정한 거리마다 색을 다르게 하여 미터 수를 표시함(5m, 15m, 25m, 35m, 45m).

코스라인  수영장 바닥에 'T' 형태로 그어진 선으로 선수의 역영 행로와 턴할 때 도움을 준다.

터치패드  역영을 마치고 터치하는 곳. 첨단 계측 장비를 통해 기록이 측정됨.

테이크 유어 막스  출발 구령 전 외치는 '차려' 구호로 외국 경기에서 사용됨.

피나(FINA)  국제수영연맹(Federation International Nation Amateur)의 약자

코마개  물이 들어가지 않게 코를 막는 데 사용하는 도구, 보통 싱크로나이즈 선수들이 사용하며 근래에는 배영 선수들도 사용함.

템포 트레이너  수영하는 사람에게 맞는 스트로크 템포 설정 후 역영 시 일정한 소리로 알려주어 스트로크 시간을 맞춰주는 도구.

핀 삭스  오리발 착용 시 사용하는 전용 양말.

핀 서포터  오리발의 사이즈가 클 때 사용하는 고무 밴드.

글라이드  한 번의 스트로크에 최대 효율을 낼 수 있는 만큼 전방으로 뻗어주는 동작. 리커버리 후 캐치 전에 동작함.

돌핀 킥  스트림라인 자세로 연속성있게 반복하는 접영 킥.

드릴  각 영법 향상 및 개선을 위한 부분 집중 훈련

롤링  스트로크의 효율적이고 부드러운 연결을 위해 몸이 좌우로 움직이며 추진하는 것.

리커버리  수면 위로 되돌아오는 동작.

비트  자유형, 배영, 접영에서의 킥 횟수.

스트로크  수영에서의 팔 돌리기를 말함. 자유형, 배영은 양손이 1스트로크로 세어짐.

스트림라인  물의 저항을 최소화할 수 있는 최적화된 자세. 수중에서 몸이 전진되는 방향으로 흐름이 같게 하기 위해 스트림라인 자세를 유지해야 함.

아웃 스윕  평영, 접영 시 양팔이 몸의 중심에서 바깥으로 벌어지는 것을 말함.

앞 구르기 턴  레이스 시 수영장 끝에서 손으로 벽을 잡지 않고 몸을 동그랗게 말아 발로 차면서 나아가는 턴. 자유형, 배영에서 사용함.

에그비터 킥(입영 킥)  수구, 싱크로나이즈 다이빙에서 사용되어 물속에서 떠 있을 수 있게 하는 킥. 구조 영법 시 뜨기로도 사용됨.

웨이브  스트로크와 킥 외에 몸통의 상/하 움직임으로 인한 추진을 받는 동작

웨지 킥  발을 엉덩이로 끌어왔을 때 무릎의 위치가 발목보다 바깥으로 향해지며, 무릎이 축이 되지 않고 다리를 넓게 벌려 물을 감아오는 킥.

윕 킥  평영 킥 시 무릎을 고정 축으로 두고 정강이와 발목을 채찍질하듯 감아 차는 방법. 발을 엉덩이로 끌어왔을 때 발목의 위치가 무릎보다 바깥쪽을 향함.

인 스윕  평영, 접영 시 바깥쪽으로 향해 있던 양팔이 안쪽으로 휘감아 들어오는 것을 말함.

추진력  물을 밀어 앞으로 보내는 힘.

캐치  전방에서부터 밀어낼 물을 잡아 오는 동작.

풀  물속에서 물을 감아 발끝으로 밀어내는 전체적인 움직임.

피니시  풀 동작의 마무리 동작. 피니시 후 리커버리로 전환됨.

2번 킥  1스트로크에 킥 2번을 말함. 보통 장거리에 많이 쓰임.

6번 킥  1스트로크에 킥 6번을 말함. 자유형, 배영 시 킥과 풀 조화에서 가장 좋은 퍼포먼스를 낼 수 있으며 천천히 또는 빠르게 속도를 조정할 수 있다.

네거티브  전, 후반의 강도 변화를 주는 훈련

디피에스 스윔  한 스트로크 당 나아가는 거리를 길게 하는 수영.

디피에스 패스트  한 스트로크 당 나아가는 거리를 유지한 채 강도를 올려 빠르게 하는 수영.

리커버리 스윔  세트와 세트 시 지쳐있는 몸을 회복시키는 가벼운 수영.

미니멈 맥스  본인의 최소안의 스트로크로 최대한 빠르게 하는 수영

미니멈 스트로크  본인의 아주 최소한의 스트로크로 수영하는 것을 말함.

브레이크 아웃  각 영법의 물속 동작에서 첫 스트로크가 시작되기 전까지의 구간.

브로콘  레이스 중간에 불완전 휴식 시간을 주어 전, 후반 기록을 유지할 수 있게 하는 연습 방법.

서킷 트레이닝  근력 및 지구력 발달을 목적으로 한 세트에 다양한 운동을 여러 번 반복하는 훈련.

스컬링  몸을 떠오르게 하는 기술. 바깥쪽과 안쪽 방향으로 물을 저어 장력을 발생시키는 손동작 스킬. 배의 노를 젓는 듯한 움직임이 특징이며, 물을 밀어내는 감각을 익힐 때 크게 도움을 줌.

스트로크 길이  한 번의 스트로크로 나아가는 거리.

스트로크 횟수  1분동안 하는 스트로크의 횟수.

워밍업  훈련을 시작하기 전에 하는 몸풀기 운동.

자기종목  선수의 신체 조건을 고려해 정한 선수의 주 영법.

조정기  훈련했던 컨디션을 시합때까지 유지할 수 있도록 연습량을 줄여가면서 양보다 질에 중점을 두어 컨디셥을 높히는 기간.